나라는 사람

나라는사람나라는사람
는사람나 는사람
는사람나 는사람
는사람나 는사람
는사람나 는사람
는사람나
나 는사람
라는사람나 는사람
라는사람나 는사람
나는 사람 쿠데타 사이에 선 어느 미얀마 사람의 기록 **슈봉 지음**
라는사람나라는사람

[이매진의 시선 31]

나라는 사람

쿠데타 사이에 선 어느 미얀마 사람의 기록

초판 1쇄 2026년 3월 31일
지은이 슈봉
펴낸곳 이매진 **펴낸이** 정철수
등록 2003년 5월 14일 제313-2003-0183호
전화 02-3141-1917 **팩스** 02-3141-0917
이메일 imaginepub@naver.com
블로그 blog.naver.com/imaginepub
인스타그램 @imagine_publish
ISBN 979-11-5531-161-5 (03300)

차례

2부 잊지 않는 한 잊히지 않는다

머리글

세상에 많은 사람은 각자 다른 곳에서 자기 삶을 살아가고 있다. 같은 지구에 살고, 같은 시간을 지나고, 같은 날들을 보내고 있지만, 모두 같은 상황 속에 있지는 않다. 내가 이렇게 편안하게 글을 쓰고 있는 지금 이 순간에도, 어디에서 누군가는 태어나고, 누군가는 죽고, 누군가는 그 태어남과 죽음 사이에서 고통을 겪을지 모른다. 어떤 곳에서는 전쟁이 벌어지고, 또 다른 곳에서는 평범한 하루가 흘러간다. 이런 일들이 동시에 진행되고 있다는 사실을, 내가 비교적 편안하게 살고 있을 때는 깊이 의식하지 못했다. 세상에는 늘 많은 사건이 벌어지고 있지만, 그 일을 내 주변에서 직접 마주하지 않는다면 우리는 쉽게 잊고, 또 잊힌 채 살아가게 된다.

그렇게 살아온 역사들, 그렇게 견디며 살아온 사람들 이야기가 완전히 잊혀도 되는 걸까 하는 생각이 든다. 분명 어떤 사람들은 자기가 살아온 시간과 고통이 쉽게 사라지기를 바라지 않는다. 나는 그런 사람 중 하나다. 내가 살아온 미얀마의 이야기들이, 미얀마 안에서든 한국에서든, 아니면 세계 어디에서든 그냥 남아 있으면 좋겠다.

우리가 겪은 일과 우리가 치른 희생은 쉽게 잊혀도 되는 것이 아니기 때문이다. 물론 세상에 잊어도 되는 희생이란 없겠지만, 그렇기 때문에 더더욱 이 이야기들이 사라지지 않으면 한다. 가능하다면 더 많이 기록되고 더 오래 남아 있으면 좋겠다. 이 글은 아주 단순한 이유에서 시작됐다. 잊히지 않으면 좋겠다는 마음.

사실 이런 마음만 품고 있었지, 내게 이 마음을 글로 기록할 능력이 있는지는 잘 모르겠다. 과제용으로 몇 번 썼지, 이렇게 내가 쓴 글을 다른 사람들에게 보여 주는 일은 이번이 처음이다. 그래서 더 조심스럽고, 많이 두렵기도 하다. 게다가 이 글이 한국어로 쓰여 있다는 사실이 나한테는 아직도 조금 놀랍다. 미얀마 사람인 내가, 모국어가 아닌 한국어로 내 이야기를 쓰는 현실이 가끔은 실감이 안 난다. 그냥 깊이 생각하지 않고 여기까지 와 버린 느낌도 들고, 과연 가능한 일인가 싶을 때도 있다. 그렇지만 이 글을 읽게 될 사람들이 이 언어 자체보

다는 그 안에 담긴 이야기들을 봐 주면 좋겠다는 마음이
더 크다.

—

이 글을 써야겠다고 마음먹은 때는 한국에 온 뒤, 대
략 3년 전쯤인 것 같다. 그 무렵부터 미얀마 상황은 계속
악화하고 있었고, 동시에 세계의 관심은 점점 다른 곳
으로 이동하고 있었다. 이 현실이 정말 분명하게 느껴졌
고, 이대로 가다가는 우리가 겪고 있는 일들이 너무 쉽
게 잊힐지도 모른다는 불안이 생겼다. 그래서 다시 이
이야기를 꺼내야 하고, 기억하게 해야 한다면, 내가 할
수 있는 일은 무엇이든 해야 한다는 생각이 들었다.

한국에 온 뒤 비슷한 질문을 많이 받는다. "왜 한
국에 오게 됐어요?", "미얀마에서는 어떤 일이 있었어
요?", "지금 가족이랑 친구들은 어떻게 지내요?" 그러
다 문득 '혹시 내 삶을 통해 미얀마 이야기를 전할 수 있
지 않을까' 하는 생각이 들었다. 그래서 내 삶을 돌아보
면서 그 안에 자연스럽게 스며 있는 미얀마 이야기를 한
번 정리하기로 했다.

미얀마에서 벌어지고 있는 일들을 객관적으로 알려 주는 방식도 하나의 기록일 수 있었다. 그렇지만 내가 직접 겪은 경험, 내가 보고 느끼고 살아 낸 이야기를 기록하는 일이야말로 조금 더 의미 있는 기억 방식이 아닐까 하는 생각이 들었다. 그래서 이 글은 처음부터 계획을 세워 완결성을 갖춘 형태가 아니라 분노와 슬픔, 혼란과 질문을 그대로 적은 기록에 가깝다. 생각나면 적고 감정이 밀려오면 쓴 글들을 다시 꺼내 새로 정리하면서, 지난 기억들을 다시 불러내고 흩어진 이야기들을 하나로 엮을 수 있었다. 그런 과정에서 이 글은 뉴스나 분석이 아니라 내가 살아온 시간과 내가 한 선택, 그 속에 함께한 미얀마의 현실이 중심이 된 에세이가 됐다.

그러니까 이 책은 거대한 역사를 설명하는 공식적 기록이 아니라 한국에 사는 한 미얀마인이 들려주는 개인적 이야기다. 개인적인 이야기이기도 하고, 표현하기 어려운 감정과 인식도 많이 얽혀 있다. 오롯이 나 자신을 위해 쓰는 일과 다른 사람에게 보여 주려고 쓰는 일은 전혀 다른 과정이었다. 보여 주기 위한 글로 옮기는 순간 많은 것을 덜고 지워야 했다. 그렇지만 한 개인의 삶 속에는 같은 시대를 살아온 많은 미얀마인이 공유한 경험과 감정이 겹쳐 있다는 점만은 분명하다.

마지막으로 머리글을 쓰고 있는 지금도 주변에서는 묻는다. 이런 이야기를 공개하면 다시는 미얀마에 못 돌아가지 않느냐고. 아직 미얀마에 남아 있는 가족과 친구들을 생각하면, 그런 질문은 가볍지 않다. 그래서 내 신상에 관련된 정보나 나를 특정할 수 있는 단서는 최대한 드러내지 않으려 했다. 내 이야기이기는 하지만, 이 글이 다른 사람에게 또 다른 위험이 되지 않기를 바라기 때문이다.

내 삶을 구성하는 이야기들은 혼자만의 것이 아니다. 친구들이 한 선택, 가족이 내린 결정, 함께 버틴 사람들 이야기와 내 이야기가 겹쳐 있다. 그만큼 조심해야 했고, 그만큼 더 많이 숨길 수밖에 없었다. 그래서 이 글은 모든 것을 다 말하지 않는 기록이기도 하다. 말하지 않은 것이 있다는 사실 자체가 지금 우리를 둘러싼 현실을 보여 준다는 생각도 한다. 언제인가 시간이 흘러 괜찮은 날이 온다면, 그때는 숨김없이, 덜어 내지 않고, 하나씩 다시 제대로 기록할 수 있기를 바란다. 지금은 아직 그럴 수 없지만, 이 글은 그날을 향해 남겨 두는 중간 기록이다.

다 쓰고 나서 다시 읽으니 처음 시작할 때에서 꽤 달라져 있었다. 처음에는 감정을 최대한 배제하고 조금 더 객관적인 기록에 가깝게 쓰고 싶었다. 그렇지만 결국 내 이야기이기 때문인지 감정이 곳곳에 그대로 드러나 있었다. 지저분하게 느껴지는 문장도 눈에 띄었고, 흐름이 끊기는 순간도 보였다.

완벽한 상태는 바라지 않지만, 적어도 조금은 더 정리된 글이면 좋겠다는 아쉬움도 남는다. 그렇지만 내 삶을 정리해 하나의 이야기로 엮어 보여 줄 수 있다는 사실만으로도 충분히 의미 있는 작업이었다. 지저분한 감정과 뒤엉킨 기억이 그대로 남아 있는 이 글은 나 한 사람의 이야기이지만, 그 안에는 비슷한 시간을 살아온 많은 미얀마인의 삶과 감정, 혼란과 선택이 함께 담겨 있다. 그런 마음들이 조금이라도 전달될 수 있다면, 그것으로 충분하다고 생각한다.

—

이 글을 어떤 사람에게 바친다고 말하고 싶지는 않다. 바친다는 말은 이 글에 어울리지 않는다고 생각한다. 이 글은 그럴 만큼 완결된 결과물도 아니고, 어떤 사람의 몫으로 정리될 수도 없다. 그래서 '헌사'라는 단어를 쓰지 않기로 했다.

그렇다고 해서 이 기록이 나 혼자만의 힘으로 세상에 나오지는 않았다. 이 이야기가 시작될 수 있게 나를 낳은 부모님께 먼저 감사하고 싶다. 그리고 나라는 사람이 이렇게 만들어질 수 있게 내 삶에 스쳐 간 모든 사람에게 감사한다.

미얀마에는 이런 말이 있다. 직접 가르쳐 주는 선생, 보면서 배우게 되는 선생, 들으면서 배우게 되는 선생. 나는 어떤 이의 가르침을 통해서도 배웠고, 어떤 이의 모습을 보면서도 배웠고, 어떤 이의 이야기를 들으면서도 나를 배웠다. 이 글도 그렇게 쌓인 모든 배움 위에 있다고 생각한다. 나에게 잘해 준 사람만이 내 스승은 아니다. 나에게 상처를 준 사람, 나를 불편하게 한 관계도 삶을 가르쳐 준 선생이다. 그래서 잠시라도 인연이 있던 모든 사람에게 감사하다고 말하고 싶다. 좋은 경험도 힘든 경험도 모두 나를 여기까지 데려왔다.

사실 다른 사람들처럼 존경하고 사랑하고 고마운 사람들 이름을 하나하나 적으며 감사 인사를 전하고 싶은 마음도 있었다. 그렇지만 이 글을 쓰게 된 맥락과 지금 상황을 생각하면 그 이름들을 적는 일은 할 수 없었다. 그래서 이 글 속에는 이름이 없다. 대신 언제인가 다시 만나는 날이 온다면, 그때는 직접, 제대로 인사를 전하고 싶다.

이 글을 다른 사람에게 보여 줄 기회조차 없었다면, 이 글도 나하고 함께 그냥 사라질 수 있었다. 기록이 되지 못한 채로. 그래서 이 글이 지금 여기까지 올 수 있게 도운 사람들에게 감사하고 싶다. 우선 책을 쓰고 싶다는 내 말을 흘려듣지 않고 출판사에 연락해 이 길을 열어 준 성진 선배에게 감사드린다. 이 글이 시작될 수 있는 가장 현실적인 계기를 만든 분이다. 그리고 내가 이런 글을 쓸 수 있는 사람이라는 사실을 믿고 옆에서 꾸준히 지켜봐 준 운동회 선생님들께도 감사하다. 선생님들이 건넨 응원 덕분에 이런 시도를 할 수 있었다. 한국에서 살면서, 늘 나를 응원하는 사람들이 있다는 사실에도 감사하고 있다. 나는 편지를 잘 쓰는 사람도 아니고, 공개적으로 마음을 표현하는 데 익숙한 사람도 아니다. 이렇게 감사의 말을 글로 적는 일이 조금은 어색하다. 그렇지만 그런 이들의 존재 자체가 이미 충분히 고마웠다. 그냥, 고맙다는 마음뿐이다.

또한 지저분한 글을 끝까지 읽고, 풀고, 정리한 편집자에게도 감사 인사를 전하고 싶다. 편집자가 한 노동 덕분에 이 글이 책으로 나올 수 있었다.

마지막으로, 이 글을 읽고 있는 독자에게도 감사하고 싶다. 당신이 미얀마에 관심을 가졌고, 이 글을 읽는 동안 아주 잠깐이라도 우리를 떠올렸다면, 그것만으로 이 기록은 의미가 있다. 당신이 기억해서, 정말 감사하다.

1부

나, 미얀마, 사람

나, 배우는 사람, 학생

26년 전 어느 날, 나는 미얀마 양곤Yangon에서 태어났다. 먹고사는 일로 크게 고생한 적은 없고, 몸이 부서지게 일한 적도 없다. 부모님 덕분에 남들 못지않게 편안하게 살 수 있었고, 그래서 부모님께 감사한 마음이 크다. 어릴 때는 몰랐다. 사람 하나 키우는 일이 이렇게 힘든 일인 줄. 지금은 스스로 나를 키우고 있다. 먹고 싶은 것도 많고 하고 싶은 것도 많아서 나라는 사람을 키우는 일이 정말 만만치 않다는 사실을 이제야 제대로 실감하는 중이다.

어릴 적 사진을 다시 봤다. 나는 세 살 때부터 교복을 입고 학교에 다녔다. 그 무렵 양곤에는 등록금이 조금

비싼 국제 학교가 하나 있었다. 부모님은 거기에 나를 보냈다. 집안 형편에 무리일 텐데도, 무리해서 보냈다. 덕분에 나는 모국어인 버마어 글자보다 먼저 영어 알파벳을 배웠다. 그 국제 학교에서는 일상적으로 영어를 사용했다. 외국인 선생님들도 여러 명 있었고, 친구들끼리도 영어로 대화해야 했다. 아이가 영어에 익숙해지게 하려고 보내는 사교육 업체 같은 곳이었다.

다섯 살이 되자 국립 초등학교에 들어갔다. 부모님은 나를 월요일부터 금요일까지는 국립 학교에, 주말 이틀은 국제 학교에 계속 보냈다. 영어를 잊지 않게 하려는 선택이었다. 그때부터 열세 살에 국립 고등학교에 들어가기 전까지 그렇게 주 7일을 학교에 계속 다녔다. 나도, 매일매일 등하교를 도맡은 부모님도 참 열심히 살았던 것 같다.

학교생활에서 가장 생생한 기억은 다섯 살 때 국립 학교에 들어간 첫날이다. 아빠 손을 잡고 교실에 들어갔는데, 선생님은 앞에서 수업을 하고 또래 친구들은 각자 자리에 앉아 있었다. 나하고 아빠는 선생님께 인사를 드렸고, 선생님은 빈자리에 나를 앉혔다. 아빠는 손을 흔들며 학교 끝나면 데리러 오겠다고 말하더니 나를 그 낮

선 사람들 속에 두고 가셨다. 떠나는 아빠를 보고 나는 펑펑 울었다.

미얀마에서 교육은 일종의 투자였다. 여유 있는 집안 아이들은 과외를 많이 받았고, 명절마다 선생님들께 비싼 가방으로 예의를 전하는 전통이 있었다. 과외를 많이 받은 학생일수록, 비싼 가방을 주는 학생일수록 학교생활이 더 수월하다. 물론 모든 선생님이 그렇지는 않았지만, 비싼 가방을 못 주는 학생들은 학교생활이 힘들어지는 일도 종종 있었다. 대부분의 국립 학교들이 그런 일종의 비리 속에서 돌아가고 있었다. 부모들도 자녀가 학교에서 수월하게 생활할 수 있도록 하기 위해 이런 시스템에 들어가려 노력했고, 이런 노력을 투자로 받아들였다. 내 부모님도 예외는 아니었다.

내가 다닌 학교에서는 보통 첫 수업이 시작되기 전에 애국가인 〈세상이 끝날 때까지〉를 불렀다. 그다음에는 다 같이 부처님께 기도를 드려야 했다. 부처님께 드리는 기도는 선생님 지도 아래 모든 학생이 똑같이 따라 외워야 했다. 나는 불교 집안에서 자란 덕분에 기도를 따라 하는 데 문제는 없었다. 같은 반에는 불교 집안이 아닌 친구들도 있었는데, 그 친구도 선생님 지시에 따라 부처님께 기도해야 했다. 초등학교 1학년 때부터 학교에서 정한 불교식 기도를 담임 선생님에게서 배웠다. 나중에 알고 보니, 그 기도를 가르친 담임 선생님은 기독교인이 었다.

미얀마의 수도 양곤에 자리한 국립 학교들에는 앞서 말한 대로 불교화가 깊게 뿌리내리고 있었다. 헌법상으로는 종교 평등이 보장됐지만, 실제 교육 현장은 분위기가 억압적이었고, 소수자들은 활동이 아주 제한됐다. 어릴 때는 이런 상황을 제대로 인식하지 못했다. 불교를 믿지 않는 친구들도 마찬가지였다. 우리는 차별이나 불평등을 대부분 잘 모른 채 당했고, 나중에 깨닫고 바로잡으려 하면 그 불평등 덕분에 혜택받은 사람들과 권력자들의 시각이나 처지에 따라 오히려 반란자로 취급되기도 했다.

이상하고 불공평한 전통들이 있다지만, 부모님은 나를 그 시기(아마 지금도) 양곤에서 최고라고 평가받던, 초중고 과정을 모두 합친 그 국립 학교에 보내려 애썼다. 학교에 간 첫날 이야기는 나중에야 부모님께 들었는데, 다른 친구들이 겪은 학교 첫날하고는 달랐다. 보통 국립 초중고는 학기 시작일이 6월 1일로 정해져 있다. 나는 한 달쯤 지난 뒤에야 학교에 들어갔다. 누구인지는 아빠가 말씀 안 하셔서 모르겠지만, 나는 그 시기 꽤 큰 권력을 쥔 어느 군 관련 인사에 연결된 인맥을 통해 학기 중에 들어갈 수 있었다.

내가 다닌 학교는 2011년까지 미얀마를 통치한 독재자 딴쉐Than Shwe의 손자와 손녀들이 다니던 곳이다. 입학 절차도 까다로웠고, 군부 인사에 관련된 재벌 집 자녀도 많이 다녔다. 등하교 시간에는 주변 도로가 값비싼 차들로 꽉 막혔다. 우리 집은 그 사람들만큼 재력이 있지는 않았지만, 부모님은 나도 그런 사람들이 받은 교육을 받아야 한다며 있는 힘을 다해 투자하셨다.

굳이 포장하니 '투자'이지만, 지금 뒤돌아보면 부모님도 부패한 시스템을 유지한 공범이나 다름없다. 그렇다고 해서 나도 부모님을 비난할 자격은 없다. 그런 교육을 받은 덕분에 미얀마인인데도 지금 이렇게 한국어로 글을 쓸 수 있으니 말이다. 만약 부모님이 그 부패한 시스템에 공모하지 않았거나, 또는 공모할 수 없었다면, 나는 아무리 노력해도 지금 여기까지 오지 못했을 가능성이 크다. 개인적 노력도 물론 중요했지만, 그런 시스템 안에서 부모님이 한 '투자'도 큰 몫을 했다. 어떤 사람들은 노력을 게을리한 탓이 아니라 그런 '투자'의 혜택을 누리지 못하고 있을 뿐이었다. 워낙 모든 사람이 보편적으로 누려야 할 그 혜택을.

그 국립 학교에서 고등학교를 마친 나는 대학에 진학했다. 미얀마에도 한국 학생들이 치르는 대학 수학 능력 시험 비슷한 대학 입학 시스템이 있다. 한국처럼 점수가 높을수록 좋은 대학을 선택할 여유가 있는 시스템이다. 사람의 미래에 점수를 매기는 시스템은 세계 어디나 있는 것 같다. 아니면 교육 분야에 적용되는 자본주의라고 해야 할까? 미얀마에서는 노력한 만큼 미래를 선택할 여유를 얻게 되지만, 부모가 보유한 자본에 따라 교육에 투자하는 규모가 달라지고 미래에 영향을 미친다. 이런 현실 또한 교육 시스템 속 불공평한 자본주의라고 할 수 있겠다.

미얀마에서는 내가 고등학교를 마칠 때만 해도 다섯 살에 초등학교에 입학해서 초등학교 5년, 중학교 4년, 고등학교 2년까지 11년에 걸친 교육을 마치고 대학 입학 시험을 칠 수 있었다. 그래서 16세에 대학에 들어가 4년 제 대학을 문제없이 마치면 20세쯤에 학사 학위를 취득할 수 있다. 미얀마 아이들은 한국 아이들보다 빨리 어른이 된다. 나도 그 시스템에 따라 교육을 받았다. 그러나 나는 대학교 졸업장을 받기 직전에 코로나가 터졌고, 쿠데타가 일어났고, 졸업장을 받지 못한 채 한국으로 도망했다.

아웅산 수찌와 버락 오바마

나는 미얀마 양곤 대학교 정치외교학과에서 외교학을 전공했다. 어릴 때부터 공부 빼고는 할 줄 아는 것이 딱히 없었다. 그렇다고 공부를 잘한 학생이라고 할 수는 없고, 그저 교육에 욕심이 많은 부모님 밑에서 자란 특별한 재능이 없는 아이로서 공부를 열심히 하고 인정받는 길 말고는 다른 선택지가 없었다. 똑똑해 보이고 열심히 사는 흔한 장녀였다. 열심히 살려고는 했지만, 그 정도로 똑똑하지는 않았다.

　　나를 똑똑한 아이로 착각한 엄마는 고등학교를 마친 딸이 의대에 가기를 원하셨다. 아빠는 내가 경영대에 들어가 성공한 비즈니스 우먼이 되기를 바라셨다. 엄마는 나를 키우면서 성격상 나에게 의사라는 직업이 무리라는 것을 알고 있었다. 엄마와 아빠는 합의해서 대학 입학 시험이 끝난 뒤 내 뜻도 묻지 않은 채 내 이름으로 경영학과에 지원서를 냈다. 나는 경영학에 관심이 없었고, 더구나 숫자 공포증도 있었다. 수학이 너무 싫었고(지금도 싫다), 돈 셀 때가 아니면 머리에 숫자가 들어오지 않았다. 경영대에 가면 11년 동안 힘들게 열심히 공부한 과목이지만 전혀 관심 없는 수학을 적어도 4년 더 공부해야 한다는 생각에 힘들었다. 부모님 몰래 정치외교학과로 옮겼다. 그 사실을 알게 된 아빠는 어린 나에게 크게 화를 냈다.

"정치인이 되면 감옥에 가거나 일자리가 없어서 굶어 죽는 길밖에 없어."

엄마도 아빠만큼은 아니어도 좋아하지 않는 눈치였지만, 고집이 센 나는 결국 정치외교학과에 입학했다. 그때는 부모님이 왜 그렇게 정치외교학과에 못 들어가게 말리는지를 이해하기 힘들었지만, 지금은 그 마음을 조금 알게 된 것 같다. 역시 정치를 하면 감옥에 갔다.

정치외교학과에 들어가고 싶어한 이유는 대단하지 않았다. 2012년에 미국 대통령 버락 오바마가 미얀마를 방문했다. 그때 오바마 대통령이 탄 차량이 우리 집 앞 도로를 지나간 적이 있었다. 지금 다시 검색하니 오바마 대통령은 아웅산 수찌 자택에 가는 길이었다. 그 일정이 미리 알려지자 아빠는 역사적인 순간이니 꼭 목격해야 한다면서 나를 데리고 거리에 나갔다. 이웃들을 비롯해 몇몇 사람이 거리에 서 있었고, 모두 행복하게 손을 흔들었고, 차에 탄 오바마 대통령도 웃으면서 손을 흔들며 지나갔다. 5초도 안 되는 짧은 순간이었지만, 열 살 조금 넘은 나는 그 외국인 아저씨가 어떤 사람이길래 이렇게 유명한지 궁금해졌다. 아마 그때부터 영화 속 배우가 아닌 유명인에게 관심이 생기기 시작한 것 같다.

그 뒤 나는 성장하는 두뇌의 영향을 받아 많은 생각을 할 수 있게 됐다. 특히 '우리 반에는 왜 반장이 있고 우리는 왜 반장 말을 들어야 하는가?'나 '반장은 왜 선생님 말을 따라야 하는가?' 같은 질문들이 기억에 생생하다. 조금 더 지나 이런 것은 사회를 유지하는 구조나 규칙이고, 사회를 이끌어 가는 사람들과 그 사람들 말에 따라가는 사회 구성원이 있으며, 그래서 그 사람들이 유명하다는 사실을 깨닫게 됐다. 계속해서 그 유명인들이 하는 말과 행동이 우리 사회에 중요한 이유를 이해하게 됐고, 그런 문제를 공부하는 학문이 정치학이라는 사실을 발견하게 됐다.

오바마 대통령을 반기는 이웃들 모습에서 시작된 호기심은 이렇게 대학 전공을 선택할 때도 큰 영향을 끼쳤다. 그런데 막상 정치외교학과에 들어와 정치학이 아니라 외교학을 선택한 이유는 부끄럽게도 간단했다. 그때 정치와 외교의 차이를 모르던 나는 그저 외교학 전공이 정치학 전공보다 합격 점수가 더 높다는 데 이끌려 외교학을 선택했다. 경영학과를 가라는 부모님들하고 싸워서 들어간 정치외교학과였지만, 전공은 열심히 공부한 점수가 아깝다는 이유로 가장 멋있어 보이는 외교학을 고르고 말았다.

2015년 11월, 미얀마는 1990년 이후 처음으로 민주적 선거가 치러져 아웅산 수찌가 이끄는 민주주의민족동맹National League for Democracy·NLD이 압도적 승리를 거뒀다. 투표권을 지닌 미얀마인 중 69퍼센트가 투표에 참여했는데, 대부분 미얀마 해방 운동을 이끈 아웅산 장군의 딸 아웅산 수찌만 보고 투표한 결과였다. 그러나 아웅산 수찌는 배우자가 외국인이라서 헌법상 대통령이 될 수 없었고, 대신 국가고문State Counsellor으로 등장했다. 1962년부터 군부 통치 아래 있던 미얀마인들에게 매우 역사적인 순간이었다. 나는 나이가 어려 투표는 못 했지만, 희망이 가득한 눈빛으로 기뻐하던 부모님 얼굴은 뚜렷이 기억한다. 주변에는 투표를 기념해 잔치까지 벌인 사람들도 있었다. 그런 모습을 지켜본 나도 이 모든 일들이 더욱 흥미로워졌고, 2015년 12월 양곤 대학교 정치외교학과에 뿌듯한 마음을 품고 입학했다.

설레는 대학 입학은 몇 년 전까지는 당연한 일이 아니었다. 1988년 8월 8일에 일어난 '8888 민주 항쟁' 이후 군부는 정치외교학과는 물론 양곤 대학교를 아예 닫았고, 그 뒤 2013년에야 다시 대학 문을 열었다. 군부가 랑군Rangoon을 양곤으로 바꾸면서 랑군 대학교Rangoon University도 양곤 대학교University of Yangon가 됐다. 덕분에 나는 유서 깊고 새로운 양곤 대학교에 들어갈 기회를 얻을 수 있었다. 민주 영혼들의 역사가 깃든 양곤 대학교에서 정치외교학과 학생으로 보낸 5년은 아주 뜻깊고 소중한 시간이었다. 물론 그 역사만으로 소중하지는 않았고, 그곳에서 만난 사람들, 그곳이 아니면 경험할 수 없는 일들, 그런 과정에서 얻은 지식 때문에 더욱 소중했다.

양곤 대학교에서 보낸 학부 시절이 아직은 '나의 미

얀마'를 구성하는 마지막 나날들이다. 그때는 당연하게 받아들인 순간순간을 충분히 즐기지 못한 일은 조금 후회하고 있다. 공부도 열심히 하고 과외 활동도 활발히 다녔지만, 그런 시간이 내가 아끼고 나를 아끼는 사람들하고 보낸 시간을 대신한다는 사실은 잊고 살았다. 한국으로 오기 직전에도 금방 다시 미얀마에 돌아갈 수 있다는 생각에 작별 인사도 제대로 하지 못했다. 한국에 온지 5년 차, 미얀마에는 한 번도 가지 못했다.

여기까지는 한국에 오기 전까지 내가 보낸 인생사다. 지금까지 살아온 이야기를 한번 정리하고 싶었는데, 나는 기억이 떠오르는 순간부터 공부만 하며 산 사람이라서 삶을 교육 시기별로 나눠 살펴봤다. 지금 생각하면 나는 개인적으로 미얀마, 특히 한때 수도이던 양곤에 뿌리내린 사회 시스템에 큰 영향을 받았다. 우리 중 아무도 자기가 살아가는 시스템에서 영향을 받지 않고 살 수는 없다. 그렇게 본다면 내 기록은 결국 한 인간, 한 지구인의 사소한 이야기일 뿐이지만, 이 사소한 이야기를 통해 미얀마인들이 겪어야만 하는 삶의 단면을 조금이나마 전할 수 있지 않을까 한다.

양곤 사람

고백하자면, 나는 7, 8년 전만 해도 스스로 평범한 사람, 평범한 미얀마인이라고 생각했다. 양곤에서 태어나 대학 교육을 받았고, 평범한 집안에서 그저 열심히 산 사람이라고 믿었다. 노력한 만큼 어느 정도는 힘들지 않게 살 수 있었고, 열심히 살기만 하면 결국 다 잘된다는 확신이 강했다. 가난한 사람을 보면 게으른 탓이라고 생각했고, 부유한 사람을 보면 부모나 인맥이 좋아서 그렇다고 여겼다. 나 역시 노력만 하면 잘살 수 있다고 믿었고, 그렇게 더 나은 삶을 위해 끊임없이 달렸다. 땅을 보지 않고 하늘만 바라보며 살았지만, 정작 내가 알던 세상은 너무나도 좁았다. 나는 결국 평범한 미얀마인이 아니었다. 그렇다고 특별한 존재라는 말은 아니고 그저 나처럼 평범하지 못한 미얀마인이 많다는 뜻이다.

대학에 다니면서 취업에 도움이 될 것 같아 몇몇 과외 활동을 했다. 그중 하나가 작은 비정부 기구Non-Governmental Organization·NGO에서 퍼실리테이터facilitator로 일하는 아르바이트였다. 친구가 소개해 그 단체가 주최한 청년 트레이닝 프로그램에 참석했는데, 트레이너들이 하는 일이 재미있어 보였다. 그 단체는 유엔마약범죄사무소 United Nations Office on Drugs and Crime·UNODC에서 지원받아 청년을 대상으로 보건 관련 지식을 교육하는 사업을 했다. 직원이 열 명도 안 되는 아주 작은 조직이었는데, 양곤에 본사를 두고 미얀마 곳곳에 있는 청년 단체들에 연계해 출장 교육을 진행했다. 고작 열여덟 살인 나는 배운 내용을 바탕으로 또래 청년을 교육하는 일을 맡았다.

그 단체에 2017년에 취직해서 코로나19가 퍼진 2020년까지 온라인 강의를 하면서 일했다. 그 뒤 쿠데타까지 터져 강의를 다시 시작하기가 애매해지면서 팀도 해체됐다. 그곳에서 일한 경험 덕분에 미얀마와 미얀마 사람을 더 잘 알게 되고 관심을 기울이게 됐다. 출장을 다니며 미얀마 곳곳에 들르는 혜택을 받았고, 그 곳곳에 사는 사람들을 만나 교류하는 기회도 얻었다. 그제야 조금씩 알게 됐다. 지금 누리는 모든 것은 온전히 내가 열심히 산 결과가 아니라는 사실을. 양곤에서 당연하게 여겨지는 든든한 교육 환경과 풍부한 혜택을 지방에서는 찾아보기 어려웠다. 나보다 더 열심히 사는 사람이 나만큼 살기도 힘들었다.

곳곳을 다니며 여러 사람을 만난 결과 미얀마에서 벌어지는 민족 간 차별을 더 잘 알게 됐다. 버마화Burmanization가 진행되면서 버마를 구성하는 여러 민족은 자기 언어가 아니라 버마어로 받는 교육 말고는 선택지가 없었고, 버마어를 못 하면 기본 교육조차 받지 못했다. 당연히 여기에 반박하는 의견도 나올 만하다. 미국에서 교육받으려면 영어가 기본이고, 한국어를 사용하는 독자들을 대상으로 나도 이 글을 한국어로 쓰지 않느냐고 말이다. 그러나 미얀마에서 벌어지는 언어 차별은 의미가 다르다.

미얀마가 버마로 되기 전 영국 식민지 시절 이전부터 이 지역에는 오랫동안 여러 민족이 살았다. 영국은 분할 통치 정책을 활용해 여러 민족을 차별적으로 지배했다. 민족끼리 분열된 상태가 지배에 더 유리했다. 시간이 흘러 2차 대전이 끝나자 영국은 숫자가 가장 많은 버마족에게 특권을 부여한 채 국경을 긋고 식민지를 떠났다. 1947년 2월 12일, 아웅산 장군을 포함한 해방 운동가들은 민족 간 단결 문제를 해결하기 위해 샨 주 판롱에서 판롱 회의Panlong Conference를 열어 버마를 연방 체제 아래 평화롭게 통합하기로 합의했다. 버마에서 만든 첫 헌법은 민족 간 통합과 협의를 바탕으로 한 연방 체제라는 요소가 강했다.

판롱에서 꾼 꿈은 아웅산 장군이 암살되면서 틀어졌다. 최초 헌법 아래 연방 체제를 유지하려는 노력은 있었지만, 국가 운영 경험이 부족한 지도층, 영국이 남긴 민족 간 분열, 불안정한 중국 내정 등이 얽히면서 실패했다. 이런 불안 상황을 통제한다는 명분 아래 민족 간 분쟁을 빌미로 힘을 키운 군부가 1962년에 쿠데타를 일으켰다. 그때부터 군부는 버마족과 다른 민족 간 차별, 불교와 다른 종교 간 차별을 이용해 다수 버마족에게서 지지를 얻으며 독재 체제를 유지했다. 이런 차별을 바탕으로 버마, 나아가 미얀마에서도 중심 지역을 제외한 다른 지역 시민들은 차별받았다.

납득될지 모르겠지만, 미얀마에서 벌어지는 언어 차

별은 영어나 한국어랑 다르게 버마어 독재를 기반으로 한다. 원해서 배우는 언어가 아니라 의무로 강요하는, 다양성을 외면한 채 동의 없이 일반화시키려는 군부 독재의 산물이었다. 책으로 배우던 현실을 직접 경험하니 느낌이 참 묘했다.

나는 양곤 사람이다. 양곤에서 태어나 양곤에서 자라고 양곤에서 살아서 그렇다. 한국에서도 서울 사람이나 부산 사람 식으로 구분하듯이 나도 스스로 양곤 사람이라고 불렀다. 말투 자체가 다르니까 미얀마 곳곳을 다니면서 가장 많이 들은 말도 어디 사람이냐는 질문이었다. 양곤 사람이라고 대답하면 바로 다음 질문이 똑같이 이어진다.

"버마족이에요?"

사실 미얀마에는 여러 민족이 있지만 생김새는 그리 다양하지 않다(적어도 내 눈에는 그렇게 보인다). 남쪽 사람들은 북쪽 사람들이랑 조금 다르기는 한데, 북쪽으로 갈수록 그저 비슷하게 생긴 것 같다. 우리끼리는 외모가 다르다고 보는데, 아마 한국 사람들이 보면 모두 딱 동남아 사람이라고 생각할 수도 있다. 나도 그냥 동남아 사람처럼 생겼다. 가끔 필리핀 사람이나 태국 사람으로 오해받지만, 딱히 불쾌하거나 기분이 상하지는 않는다. 동남아 사람인 나도 동남아 사람들을 구별하기 힘들 때가 있으니까.

"버마족이에요?"

다시 버마족이냐는 질문으로 돌아가 보자. 나는 버마족
인가? 사실 모른다. 솔직히 나는 민족 정체성에 호기심
이 없었다. 미얀마 땅에 살고 있으니까 미얀마 사람이
고, 양곤에서 태어난 사람이니까 양곤 사람이다. 다른
미얀마인들도 비슷한 생각이라고 믿었다. 그런데 아니
었다. 민족 정체성이 강한 미얀마 사람도 많이 만났고,
양곤에 살면서도 자기 민족 풍속을 따르고 스스로 자기
민족 이름을 붙여 정체성을 지키는 사람들도 만났다. 심
지어 외국에 나와서도 같은 민족끼리 뭉쳐 생활하는 모
습도 봤다. 나도 그런 사람들을 보면서 스스로 민족 정
체성을 찾아보려 시도하기도 했다.

우리 가족은 여러 민족이 섞여 있어서 내가 봐도 신기하다. 먼저 엄마 쪽 이야기부터 풀겠다. 외할아버지는 인도 쪽에서 왔다. 옛날 사진을 보면 완전히 흔한 인도인처럼 생겼다. 종교는 이슬람교였다. 외할아버지랑 외할머니가 만난 사연은 잘 모르지만 결혼하면서 외할머니 종교인 불교로 개종해서 엄마는 불교 집안에서 자라게 됐다. 외할머니도 순수한 버마족은 아니고 버마어를 사용하는 샨Shan족이었다. 이런 조합에서 태어난 엄마는 나하고 비슷하게 스스로 민족 정체성에 별생각이 없었다. 그냥 불교도인 버마족으로 살았다.

아빠 쪽도 조금 특이한 역사가 있다. 아빠의 외할아버지, 내 증조할아버지는 중국 사람이다. 버마에 오게 된 과정은 모르겠지만, 호적을 보면 증조할아버지는 아직도 외국인으로 기록돼 있고 이름도 중국식이다. 증조할아버지의 딸, 내 할머니는 중국계이고, 할아버지는 순수 버마족이다. 그 둘의 조합인 아빠는 중국 반에 버마 반 혈통이며, 생김새는 중국인이랑 비슷하다.

할머니 쪽 풍속이 조금 더 강했는지, 어릴 때는 중국 전통에 따라 새해마다 빨간색 옷을 입고 가족 모임에 참석해야 했다. 매년 3, 4월쯤에는 시골에 있는 아빠 집안 가족 묘지에 가서 조상님에게 절을 했다. 할머니가 어린 나에게 빈자리를 가리키면서 말했다.

"저 자리는 내 자리이고, 그 옆에 네 아빠하고 너도 죽으면 묻힐 거다."

"그럼 엄마는 어디에 있을 거예요?"

내가 이렇게 되묻자 할머니가 한 대답이 아직도 기억난다.

"엄마 몸에는 할머니 피가 없으니까 엄마 자리는 없다."

그때는 이해하지 못했지만, 지금 생각하면 할머니는 매우 강한 민족 정체성을 지닌 분이었다.

나는 민족적으로 보면 너무 많이 섞인데다가 부모님도 특정한 정체성을 수용하라고 강요하지 않아서 이 문제를 깊이 고민하지 않은 것일지도 모른다.

양곤은 버마가 식민지일 때부터 얼마 전까지 미얀마의 수도였다(지금은 미얀마 영토에서 더 가운데에 자리한 네피도Nay Pyi Daw로 수도가 바뀌었다). 근대화에 따라 일자리가 늘어나면서 많은 사람이 몰려들면서 양곤은 다양성을 갖춘 활발한 도시가 됐다. 전체 국민의 86퍼센트가 불교도이지만, 양곤 시내에는 500미터 간격으로 불교 사원, 이슬람 모스크, 기독교 성당이 나란히 보인다. 분명 특정한 민족이 모여 사는 동네도 있지만 한 도시에 이렇게 여러 민족과 종교가 모여 산다는 사실은 그만큼 다양성이 넘치고 일자리가 많다는 뜻이었다. 한국 청년들이 서울로 향하듯 미얀마 곳곳의 청년들도 양곤으로 몰려온다. 그래서 그런지 양곤에 살면서 나는 다양한 민족 환경에 익숙해졌다.

양곤이라는 도시에서 여러 민족이 어떤 삶을 사는지 알려면 먼 곳에서 찾을 필요 없이 내 호적만 봐도 어느 정도 이해할 수 있다. 앞에서 말한 대로 외할아버지는 이슬람교도인데도 외할머니를 만나 사랑에 빠져 불교로 개종했다. 아빠 쪽 할아버지는 버마족인데도 중국계 할머니를 만난 바람에 중국 전통을 지켜 현관문에 중국어로 된 빨간색 종이를 붙였고, 새해마다 빨간색 옷을 입고 조상님께 절했다. 배우자를 정말 좋아하고 모든 일을 함께하고 싶은 마음 때문에 그런 것인지도 모르겠다.

이런 이야기는 우리 가족에게 민족을 뛰어넘은 사랑 이야기로 전해졌다. 그러나 지금 생각하면 예전 버마에서는 다른 종교를 믿는 사람이나 다른 민족끼리 결혼하면 대부분 한쪽 종교나 풍속을 따르는 경향이 강했다.

어릴 때 외할머니는 다른 종교를 믿는 남자를 사귀면 안되고, 만약 사귀어서 결혼하게 되면 반드시 우리 쪽으로 넘어오게 해야 한다고 이야기했다. 외할아버지를 당신 뜻대로 따르게 한 방법을 자랑스럽게 가르쳐 주신 적도 있었다. 이런 모습은 오래전 역사로 거슬러 올라가 미얀마 땅에 사는 여러 민족이 자기만의 종교적 신념을 지키려 노력한 삶을, 시대와 상황이 바뀌는 사이에도 서로 다른 문화를 유지한 채 모여 살면서 각자 정체성을 유지하려 애쓴 마음을 상징한다.

외할아버지가 이슬람교에서 불교로 개종한 일은 아내 사랑도 사랑이지만 시대적 상황상 혁명적인 선택이라고 할 수 있다. 또한 아빠는 중국 전통을 따르고 호적에 할아버지가 외국인 신분을 유지한 채 중국 이름으로 등재돼 있는데도 중국 이름(한자 이름)은 물론 심지어 성조차 모른데다 중국어도 전혀 못 한다. 이런 개인적 상황도 이유가 있었다. 외할아버지가 종교를 바꾸고 아빠가 중국식 성을 못 가진 것도 아마 같은 이유 때문일 듯하다. 바로 버마화다.

미얀마의 버마화는 세 시기로 나눠 살펴볼 수 있다. 첫째, 식민지 시대 이전의 버마화는 단순히 수가 많고 무력이 강한 버마족 왕들이 상대적으로 약한 소수 민족들을 지배하려던 '왕국 지배 시대의 버마화'였다. 둘째, '식민지 시대의 버마화'는 반식민지 세력을 형성하는 과정에서 나타났다. 그전부터 가장 수가 많던 민족인 만큼 반식민지 세력 안에서도 중심을 차지하면서 '버마인, 우리We Burman'라는 형식으로 나타났다. 셋째, 1962년 네윈Ne Win 쿠데타 이후에 나타난 버마화에는 버마족이 누리는 수적 우위뿐 아니라 종교까지 동원됐다. 군부 쿠데타 세력이 불교도들이 지닌 힘을 정치적으로 활용해 소수 민족을 억압하면서 권력을 유지하려 한 시기였다.[*] 버마화는 내 호적에 기록된 가족들뿐 아니라 다른 여러 소수 민족에도 큰 영향을 미쳤다.

1962년 쿠데타가 벌어진 뒤 버마는 사회주의 국가로 바뀌었다. 민간 업체가 대부분 국가 경영하에 편입되는 과정에서 중국계 사업가들도 심각한 피해를 봤다. 그중에는 증조할아버지도 들어 있었다. 아빠가 태어난 고향은 양곤보다 남쪽에 있는 작은 도시 에야워디Ayeyarwady다.

---

[*] Hein Htet Kyaw, "What is burmanization?" libcom.org, 2024, https://libcom.org/article/what-burmanization.

증조할아버지는 쌀장사로 성공해 쌀 수출용 배도 몇 척 가진 사업가였다. 그러나 아빠가 열두세 살 될 때쯤 정치적 상황이 악화하면서 그동안 쌓은 부를 대부분 국가에 빼앗겼고, 그 뒤 남은 재산을 모아 양곤으로 왔다. 증조할아버지는 아빠에게 중국계라는 사실을 되도록 숨기고 살라고 가르쳤다. 좋을 일이 없으니까 중국어도 가르치지 않고 중국 이름도 안 지은 채 그냥 버마 사람으로 살아가라 했다.

외할아버지는 주민등록상 종교를 이슬람에서 불교로 바꾸면서 이슬람교도들이 받는 종교 차별에서 벗어날 수 있었다. 불교로 개종한 덕분에 정치적 억압과 사회적 차별을 벗어나 여러 사회적 혜택을 누렸다. 모든 국민에게 종교 자유가 있다고 하고는 그 자유를 행사하면 눈치를 주거나, 심지어 국민으로 취급하지 않는 나라가 바로 미얀마였다.

다양성이 있다면, 그 다양성을 감당할 포용성도 필요하다. 미얀마는 다양성이라는 아름다움은 있지만 포용성은 크게 부족하다. 불평등한 포용 정책과 민족 갈등은 우리 가족 같은 개개인의 삶은 물론 개별 민족들이 생각하는 통일성에도 영향을 미쳤다. 이런 특징은 지금 진행

되는 미얀마 민주화 운동에서도 다시 한 번 생생하게 드러난다.

2021년 쿠데타 직후 모습을 드러낸 혁명 세력들은 군부가 휘두르는 폭력적 통제 방식에 대응해 무기를 집어들었다. 각 민족 집단을 대표하는 세력들은 민족통합정부National Unity Government·NUG 아래에 모여 인민방위군People's Defense Force·PDF을 결성했다. 초반에는 군사 독재 종식이라는 공동 목표와 망명 정부의 포용 정책을 기반으로 함께 움직이면서 미얀마 연방의 희망찬 미래가 내다보였다. 그러나 군부의 지독한 권력 유지 수법, 불평등한 무기 보유, 망명 정부의 무능 등 여러 이유가 겹치면서 희망은 점점 사라지고 있다. 갈등이 이어지고 강력한 반정부 세력이 형성되지 못하면서 민주화 이행은 길어지고 있다. 어쩌면 2020년 미얀마 시민들이 선출한 망명 정부가 추구하는 민주화란 각 민족 세력이 원하는 민주화하고 반드시 일치하지 않을 수도 있다는 생각이 든다.

나처럼 정체성이 불분명하고 불평등한 포용성을 딱히 느낀 적 없는 양곤 청년이 2021년 쿠데타를 겪고서야 외치게 된 미얀마 민주화는, 다른 경험을 한 사람들이 원한 미얀마, 또는 각자 생각하는 유토피아 국가 체제가 아닐 수도 있다. 지금이야 비현실적이지만, 나는 미래 세대가 미얀마라는 국경 아래 연방 체제에서 다양한 사람을 평등하게 포용하는 민주 국가를 이룩하기를 바란다. 물론 이런 형태가 최고는 아닐지도 모르고 개개인이 바라는 미얀마가 각자 다를 수밖에 없다는 사실이, 이 나만의 유토피아를 더 비현실적으로 만드는 이유일 수 있다.

2021년 2월 1일, 쿠데타

2021년 2월 1일 아침. 그날은 내 인생에서 절대 잊히지 않을 날로 남아 있다. 그 전날만 해도 나는 평범한 대학생이었다. 코로나19로 친구들을 만나지 못해 늦은 밤까지 온라인으로 수다를 떨고 게임을 하다 잠들었다. 아침 6시 30분쯤, 엄마가 갑자기 방문을 세게 두드렸다. 놀라서 눈을 뜨는데 들어온 엄마가 가쁜 숨을 몰아쉬며 스마트폰을 내밀었다.

"지금 미얀마에서 쿠데타가 일어났대. 새벽에. 이게 진짜야? 우리 어떻게 되는 거야?"

믿기지 않았다.

"엄마, 가짜 뉴스일 거야. 그런 일이 벌어질 리 없어."

그렇게 말하면서도 마음 한쪽이 불안했다. 직접 확인하려고 스마트폰을 켰다. 인터넷에는 쿠데타 소식이 쏟아지고 있었다. 이번에는 진짜였다. 모두 잠든 사이에 군부가 정부를 장악했고, 아웅산 수찌를 포함한 여러 정치인이 체포됐다.

나는 곧바로 친구들에게 전화를 걸어 확인하려 했지만, 전화는 연결되지 않았다. 메시지도 보낼 수 없었다. 나중에야 알았다. 쿠데타를 일으키자마자 군부는 통신망과 인터넷을 통제했다. 완벽히 고립된 느낌이었다.

'괜찮아. 우리는 집에 있어.'

외국에 사는 친척과 친구들에게 겨우 문자를 보내기는 했지만, 마음은 전혀 괜찮지 않았다.

그날 아침 집 안은 얼어붙은 듯 고요했다. 부모님은 직장에 나가지 않았고, 우리는 문밖으로 나가지 않았다. 골목도 이상할 만큼 조용했다. 사람들 발소리도, 지나가는 차 소리도 들리지 않았다. 모두 똑같은 공포를 느끼고 있었다. 엄마와 아빠는 불안한 얼굴로 말했다.

"지금은 나가지 마라. 무슨 일이 벌어질지 모른다."

미얀마에서 사람들이 가장 많이 쓰는 사회 관계망 서비스Social Network Service·SNS는 페이스북이었다. 쿠데타가 일어나자마자 페이스북은 순식간에 혼란과 분노, 불안이 뒤섞인 공간이 됐다. 뉴스를 공유하며 '이게 정말 말이 되냐'고 외치는 사람도 있었고, '이런 시대에 쿠데타라니, 금방 끝날 거야'라며 자기 자신을 안심시키려는 사람도 있었다. 나도 처음에는 그런 쪽이었다. 인터넷이 이렇게 발달한 세상에서, 민주주의가 이미 자리 잡은 상태라고 믿은 나라에서 군부가 오래 버틸 리 없다고 생각했다.

수업 시간에 배운 국제 사회에 적용되는 원칙과 압력을 순진하게 믿고 있었다.

'세계가 이런 부당한 일을 그냥 두지는 않을 거야.'

스스로 위로했다. 부모님과 친구들에게도 말했다.

"너무 걱정하지 말아요. 곧 괜찮아질 거예요."

마음 한쪽에서는 알 수 없는 불안이 계속 피어올랐다.

'이 상황이 금방 끝나지 않는다면 우리는 어떻게 될까. 학교는, 공부는, 미래는 어떻게 될까.'

나는 정치학을 공부하는 학생이었다. 그런데 막상 이런 현실이 닥치자 강의실에서 배운 이론으로 아무것도 할 수 없다는 무력감이 밀려왔다. 쿠데타라는 단어가 책

쿠데타 뒤 초기 시위 현장은 비교적 평화로웠다. 사람들은 손가락 세 개를 들어 간절하게 저항을 표현했다. 양곤 한복판에 자리한 여러 사거리 중 한 곳에 있는 보행자 다리를 차 안에서 찍은 사진이다.

속에 적힌 개념이 아니라 내가 살고 있는 현실이 됐다. 처음으로 '정치'가 추상적 학문이 아니라 생존이 걸린 문제라는 사실을 알았다.

페이스북 화면은 혼란스러운 글만 가득했다. 친구들이 공유한 게시물에는 정치적 예측과 근거 없는 소문이 뒤섞여 있었다. 가장 많이 보인 메시지는 '72시간만 버티자'였다. 사람들은 말했다.

"국제 사회가 지켜보고 있으니까, 3일 안에 뭔가 조치가 있을 거야. 외부 세력이 군부를 압박할 거야."

그런 메시지가 계속 공유됐다. 나도 그 말을 믿었다. 아니, 믿고 싶었다. 아무것도 할 수 없는 상황에서 '기다림'이 우리가 할 수 있는 유일한 행동처럼 느껴졌다. 그래서 우리는 72시간을 세면서 상황이 나아지기를 바라며 하루하루를 버텼다. 시간이 지나도 아무 일이 일어나지 않았다. 그때부터 사람들 마음속에는 '두려움' 대신 '분노'가 자리 잡기 시작했다.

변화는 만달레이Mandalay에서 시작됐다. 만달레이 시민들이 먼저 거리로 나와 군부 쿠데타에 반대하는 시위를 벌였다. 그 장면이 페이스북를 타고 전국으로 퍼지자 양곤에서도 사람들이 하나둘 거리로 나오기 시작했다. 그리고 그중에는 나도 있었다.

대학가에서는 학생들이 중심이 돼 시국 선언문을 발표했다. 우리는 이름과 학번을 적고 쿠데타에 반대한다는 뜻을 선언문에 담았다. 에스엔에스에는 손가락 세 개를 들어 올린 사진이 끝없이 올라왔다. '저항'을 상징하는 동작이었다. 나도 내 페이스북 계정 프로필 사진을 바꿨다. 손가락 세 개를 하늘로 들고, 더는 침묵하지 않겠다는 뜻을 담아서. 며칠 뒤, 나는 양곤 거리 위에 서 있었다. 손가락 세 개를 들고, 내 목소리로 힘껏 외쳤다.

"우리는 다시 민주주의를 원한다."

점점 더 많은 사람이 거리로 나왔다. 처음에는 규모가 크기는 해도 비교적 평화로운 시위였다. 에스엔에스에 사진과 영상을 올려 전세계에 미얀마가 놓인 상황을 알리려 했다. 페이스북과 인스타그램에는 시위 현장을 찍은 사진이 끊임없이 올라왔고, 시위는 이벤트처럼 보이기도 했다. 시간이 흐르면서 군부도 점점 강경하게 대응하기 시작했다. 나는 여러 차례 거리로 나가 여러 나라 대사관 앞에서 '민주주의를 되찾자'고 외쳤다. 시위를 둘러싼 긴장감은 커져만 갔다.

"빨리 들어와!"

대학과 학생회는 시위를 조직하는 중심이 됐고, 나도 학생 신분으로 그 흐름에 참여했다. 3월 초에 접어들자 평화 시위는 폭력적 충돌로 변하기 시작했다. 우리는 집결 지점과 해산 지점과 이동 경로를 미리 정하고, 안전모와 마스크, 보호안경을 챙기는 등 나름대로 대비했다. 홍콩 민주화 시위에서 쓴 전술과 연대의 표식, 이를테면 홍콩, 대만, 태국 네티즌들로 구성된 온라인 민주 연대 운동인 밀크티 동맹^{Milk Tea Alliance} 같은 상징도 참고해 정보를 주고받았다. 만약을 대비해 팔에 방수 펜으로 혈액형과 비상 연락처를 적었다. 가방에는 갈아입을 옷, 현금, 최소한의 생필품을 넣어 다녔다.

3월 초 어느 날, 나는 여자 친구 두 명, 남자 후배 한 명하고 함께 시위에 참여했다. 우리는 대열을 맞춰 구호를 외치며 행진을 시작했다. 거리마다 설치된 폐회로 텔레비전CCTV에는 페인트를 뿌려 시야를 가리거나 아예 부쉈다. 우리 얼굴과 움직임이 군부가 쳐 놓은 감시망에 포착되지 않게 하려는 행동이었다. 시위대 앞줄에 선 사람들은 학생회가 중심이 돼 방패처럼 쓸 수 있는 철판과 화염병을 들고 있었다. 홍콩 시위에서 쓴 전략을 따라 조직적으로 움직이려는 생각이었다. 아무리 준비를 잘한 상태라고 해도 마음속으로는 모두 알고 있었다. 우리가 하는 행동은 단순한 시위가 아니라 생명을 걸어야 할 싸움일 수도 있다는 것을.

어느 순간 행진하던 시위대가 멈췄다. 앞쪽에서 다급한 외침이 들렸다.

"군인이 온다!"

우리는 본능적으로 서로 손을 더 꽉 잡았다. 길가에서 지켜보던 시민들은 자기 차를 세워 군용차가 들어오지 못하게 도로를 막고 있었다. 나는 시위대 중간쯤에 서 있었고, 주변에는 촘촘히 이어진 좁은 골목들이 보였다. 아무도 도망치지 않았다. 모두 그대로 도로 위에 앉았다. 우리는 앉은 채로 목이 터져라 외쳤다.

"군부 독재 반대!"

우리는 20분쯤 그 자리에 버티며 구호를 외쳤다. 그러나 곧 군인들이 가까이 온다는 외침이 들렸다. 나는 고개를 들어 소리가 나는 쪽을 바라봤다. 먼 곳에서 군용 트럭이 멈추더니 무장한 군인들이 뛰어내려 우리 쪽으로 달려오고 있었다. 시위대 중간에 있던 나는 처음에는 상황을 완벽히 파악하지 못했다. 이내 사방에서 도망치라는 외침이 터졌다. 남자들은 앞쪽으로 나아가 시위대를 보호하라는 지시를 받았고, 나와 친구 두 명, 남자후배 한 명은 손을 꼭 잡은 채 그 자리에 서 있었다. 후배는 나를 보며 말했다.

"누나, 저는 앞쪽 형들을 도와야만 해요."

나는 후배의 손을 필사적으로 붙잡으며 소리쳤다.

"가지 마, 제발 가지 마."

후배는 내 손을 뿌리치고 군인들 쪽으로 달려 나갔다. 그 순간 나는 친구들 손을 더 세게 부여잡고 외쳤다.

"뛰어야 해!"

앞만 보고 무작정 달렸다. 총소리가 터졌다. 귀를 때리는 폭음이 너무 가까웠다. 총알이 벽을 스치며 튀는 소리가 들렸고, 사람들이 비명을 지르며 쓰러졌다. 숨이 막히도록 달리다가 어느새 좁은 골목으로 들어섰고, 어떤 건물 계단을 뛰어 올라갔다. 2층까지 올라가 문을 두드리자 집주인 아저씨가 문을 열며 소리쳤다.

"빨리 들어와!"

나를 포함해 여섯 명쯤 되는 학생이 그 집 주방으로 뛰어 들어가 쪼그려 앉았다. 집주인 아저씨는 창문 틈으로 밖을 살피며 속삭였다.

"군인들이 이쪽 골목으로 오고 있어."

우리는 숨을 죽인 채 아무 말도 하지 못했다. 잠시 뒤 군인들이 골목 안으로 들어오며 고함쳤다.

"다 잡아!"

"도망 못 간다!"

우리는 그대로 얼어붙었다. 군인들은 우리가 숨은 건물 바로 앞에 있는 건물로 들어가 위층에 숨은 학생들을 끌어갔다. 그 모습을 창문 너머로 본 나는 손이 떨려 아무것도 할 수 없었다. 아저씨는 재빨리 우리를 화장실로 데려갔다.

"창문으로 나가면 뒤쪽 골목으로 이어져 있어. 지금 나가야 해. 곧 이쪽으로 올 거야."

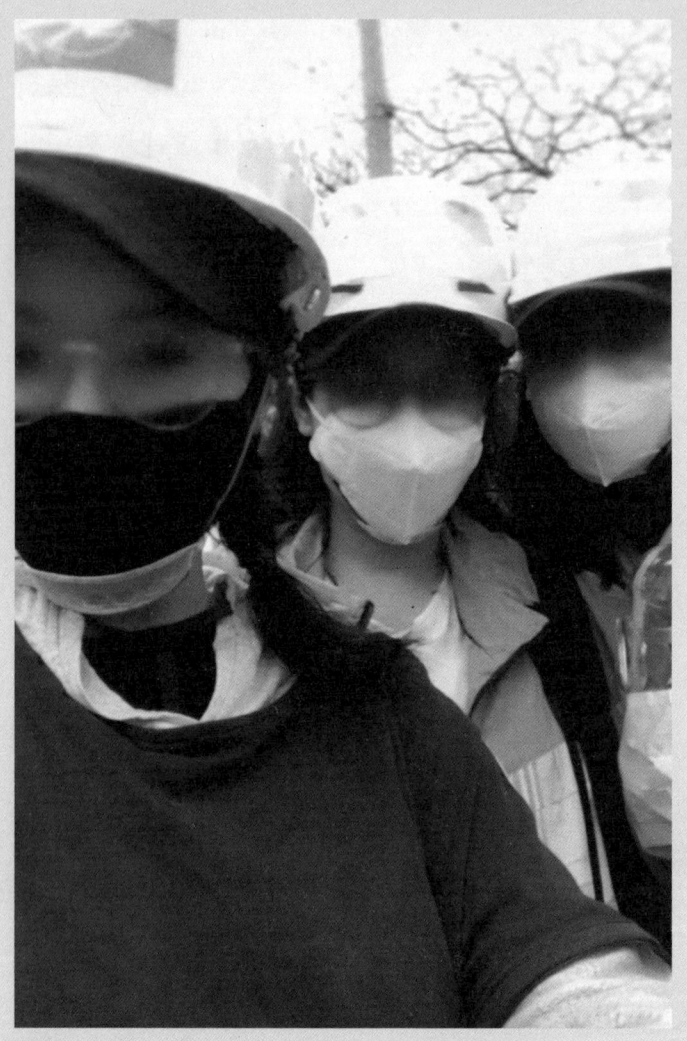

2021년 3월 초, 시위를 시작하기 전에 나와 친구 두 명이 찍은 사진이다. 쿠데타 초반에는 가벼운 차림이었지만, 어느새 우리는 시위에 나갈 때 단단히 무장하고 있었다. 안전모가 총알을 조금이라도 막을 수 있기를 바랐고, 탈출할 때를 생각해 더운 날씨에도 옷을 두세 겹씩 입고 다녔다. 얼굴에 쓴 마스크는 코로나 방지용이라기보다는 신상 보호용이었다. 결국 그 마스크도 최루탄 가스 앞에서는 아무 소용이 없었다.

우리는 한 명씩 화장실 창문으로 몸을 내밀었고, 차례로 골목 바닥으로 뛰어내렸다. 다시 달렸다. 앞서가던 남자 학생이 외쳤다.

"내가 먼저 갈게! 뒤따라와!"

우리는 그 뒤를 따라 계속 뛰었다. 옆 건물 벽 사이로 시위대를 쫓는 군인들이 스치듯 보였다.

숨이 가빠질 즈음, 단층집 하나가 눈에 들어왔다. 문 앞에 서 있는 아주머니가 우리를 보더니 다급하게 손짓했다.

"빨리 들어와!"

아주머니는 우리를 복층에 있는 작은 공간으로 안내했다. 여섯 명이 그 좁은 곳에 몸을 웅크리고 앉아 서로 손을 잡은 채 숨을 죽였다. 총소리와 고함이 멀어지자 눈물이 저절로 흘러내렸다.

한두 시간이 지나고 아주머니가 조심스럽게 문을 열었다.

"이제 괜찮을 것 같아. 내려와도 돼."

우리는 떨리는 다리로 복층을 내려와 아주머니가 차린 밥을 먹었다.

"내가 아는 사람이 근처에 있어. 거기까지 조용히 가

면 안전할 거야."

우리는 옷에 묻은 먼지를 털고 대학생 태가 안 나게 차림을 정돈한 뒤 아주머니가 불러 준 차를 타고 이동했다. 친구 둘은 각자 집 근처에서 내렸고, 나는 멀리 떨어진 친척 집으로 향했다.

그날 저녁, 나는 너무 무서워서 아무 생각도 할 수 없었다. 근처에서 문 닫히는 소리나 바람에 흔들리는 소리만 들려도 불안한 마음이 먼저 들었다.

'나를 잡으러 온 군인들 아닐까?'

두려움이 온몸을 짓눌러 잠도 제대로 잘 수 없었다.

다음 날 아침, 떨리는 손으로 스마트폰을 켜 부모님하고 연락을 시도하며 상황을 알아봤다. 그제야 학생회 몇몇 동료가 체포된 소식을 들었다. 다른 도시에서 시위에 나선 동갑내기 여학생이 총에 맞아 숨진 뉴스도 접했다. 머리가 멍해졌고, 내가 알던 세상이 완전히 무너지는 듯했다. 함께 손잡고 도망친 후배마저 체포된 사실을 안 뒤에는 눈물이 멈추지 않았다.

그동안 여러 번 시위 현장에 있었지만, 그날만큼 심각한 상황은 처음이었다. 그전 시위는 뉴스에서나 보던 위험이었다면, 그날은 학생회가 주도한 시위라 탄압이 훨씬 거셌다. 학생 지도자들이 차례로 체포됐고, 나도 언제 잡혀갈지 몰라 숨죽이며 지냈다. 그날 한 경험은 삶의 전환점이 됐다. 이제 미얀마에서는 앞길이 막막하다는 생각이 들었고, 두려움 속에서도 탈출을 결심했다. 겁 많은 나에게는 인생에서 가장 큰 결단이었다.

시간이 꽤 흐른 지금도 그날 함께 시위에 나간 친구들 몇몇은 아직 감옥에 있다. 나는 한국에서 공부를 이어 가고 있지만, 그 친구들 시간은 그날에서 멈춰 있다. 어떤 성취를 거둘 때마다 나는 그날 숨진 동갑내기 학생을 떠올린다. 나는 이렇게 살아 있는데 친구들은 아직 그곳에서 고통받고 있다는 죄책감이 마음을 짓누른다. 그날은 내 인생에서 많은 것을 앗아 갔다. 행복한 순간마다 그날 기억이 가끔 떠오른다.

어쩌다 한국

그해 3월, 그날의 혼란이 조금 가라앉자 나는 마음을 먹었다. 어떻게든 미얀마를 떠나야겠다고. 그때 내가 향한 곳이 바로 한국이었다.

사실 한국이라는 선택은 오래 고민한 결과라기보다는 우연에 가까운 인연이었다. 대학교에서 외교학을 전공할 때 교수님들과 선배들은 늘 외교관이 되려면 영어말고 다른 외국어를 하나쯤 배워야 좋다고 말했다. 그 말에 따라 나도 새로운 언어를 하나 배우기로 했다. 처음에는 동아시아 언어 중에서 일본어를 선택했다. 그런데 배우다 보니 복잡한 한자와 발음이 나랑 잘 안 맞았다. 결국 6개월 만에 포기했고, 다음으로 선택한 언어가

우리는 이 사진을 '복층 사진'이라고 부른다. 무작정 뛰어 들어간 집에 있는 복층이었다. 여섯 사람이 그 위로 올라가는 데 1분도 안 걸렸다. 무조건 빨리 숨어야 한다는 급한 마음뿐이어서 그럴 수 있었다. 찍소리도 못 내고 올라가서 그렇게 한두 시간 정도를 보냈다. 무서워서 그러는지, 최루 가스가 복층까지 올라와서 그러는지, 다들 눈물을 흘린 사실만은 기억난다. 앞에 있던 학생이 쓴 작업용 안경도 최루 가스를 막는 데 실패했다. 사진 속 등장인물 중 내 친구 두 명을 뺀 다른 사람들은 모르는 이였다. 상황이 조금 조용해진 다음에야 친구가 살아남은 사람들 모습을 기록하자고 제안해 사진을 찍었다. 모두 건강히 무사하게 지내기를 기도한다.

복층에서 내려온 뒤 낯선 아주머니가 차린 밥을 먹고 차를 마시며 대화를 나눴다. 집에 가는 길에 출출할까 봐 삶은 달걀도 주셨다. 생판 남인데도 거리로 나서 줘서 고맙다며 내어 준 밥상이었다. 응원한다면서. 친구들은 지금도 그 아주머니가 준 목숨으로 살고 있다는 농담을 가끔 한다. 오른쪽 친구 팔목에는 비상 연락처가 살짝 보인다. 왼쪽 친구 핸드폰에 보이듯 우리들 페이스북은 시위 관련 정보로 가득 차 있었다.

한국어였다.

한국어를 고른 특별한 이유는 없었다. 다만 미얀마에서도 한국 드라마와 한류가 워낙 인기가 많고 나도 익숙해서 자연스럽게 흥미가 생겼다. 한글을 읽는 정도는 비교적 수월했다. 그렇지만 문장을 이해하고 말로 표현하는 단계에 들어서면서 점점 어려워졌다. 지금은 그때보다 훨씬 더 깊이 공부하고 있지만, 여전히 한국어는 어렵고도 매력적인 언어다. 그래도 한국을 향한 결정은 단순히 언어 학습의 연장이 아니었다. 되돌아보면 내 인생을 완전히 다른 길로 이끈, 생존을 건 선택이었다.

나는 언어가 비교적 익숙한 한국으로 유학 가기로 마음먹었다. 사실 쿠데타 이전부터 계획한 일이었다. 대학교를 졸업하면 장학금을 신청해 한국에서 석사 과정을 밟는 것이 원래 목표였다. 코로나 시기부터 천천히 한국유학을 준비하고 있었다. 한국어능력시험^{TOPIK}도 치렀고, 필요한 서류도 하나씩 준비했다.

그런데 예상하지 못한 쿠데타가 터지면서 상황은 완전히 달라졌다. 나라 안은 순식간에 위험해졌고, 더는 미얀마에 머물 수 없었다. 그렇게 미리 준비하던 계획을 급히 앞당겨 석사 과정이 아니라 어학당(언어 연수 과정)에 먼저 들어가기로 했다. 되도록 빨리 미얀마를 벗어나는 일이 우선이었다. 결국 쿠데타가 일어난 지 6개월도 되지 않아 나는 한국에 도착했다. 아마 그때 외국으로 피신한 미얀마 청년 중에서도 꽤 빠르게 나온 편일 듯하다.

쿠데타가 일어나자 양곤 대학교 학생들뿐 아니라 다른 대학 학생들도 모두 거리로 나왔다. 우리는 쿠데타에 반대하며 시민 불복종 운동Civil Disobedience Movement·CDM에 참여했다. 학생뿐 아니라 교사와 공무원까지 직장에 나가지 않는 식으로 군부가 운영하는 국가 시스템을 멈추게 하려는 행동이었다. 대학생인 나도 참여했고, 내 동생도 함께했다.

그때 결심했다. 군부 지배 아래에서 서명된 졸업장 따위는 받고 싶지 않다고. 그래서 학교에 나가지 않겠다고 선언했고, 미얀마에서 밟던 학업은 그대로 중단했다. 졸업장은 포기했지만, 대신 직접 노력해 얻은 성적표만 챙겨 한국으로 가져왔다. 처음에는 바로 석사 과정에 진학하려 노력했지만, 졸업장이 없어서 불가능했다. 결국 편입생 자격으로 다시 학부에 들어가 공부를 이어 가야 했다.

학부 과정을 마치는 데 미얀마에서 5년, 한국에서 2년, 모두 7년이 걸렸다. 지금은 마침내 학부를 졸업하고 석사 과정 학생으로서 내 꿈을 이어 가는 중이다. 워낙 나는 평범한 유학생으로 한국에 올 수 있었다. 그렇지만 쿠데타 이후 평범한 유학생이 아니라 특별한 이유로 유학을 시작한 사람이 됐다.

나처럼 졸업장을 포기하는 결정을 내린 대학생이 많았다. 쿠데타 직후에 내가 학교를 떠날 때만 해도 성적표를 발급받기가 비교적 쉬웠다. 아직은 행정 시스템이 완전히 막히지 않은 때문이었다. 그렇지만 그런 상황은 오래가지 않았다. 시간이 지나면서 시민 불복종 운동에 참여한 학생은 성적표도 제대로 받을 수 없다는 소식이 곳곳에서 들려오기 시작했다. 성적표를 받은 학생들이 외국으로 나가 통제를 벗어날 수 있다고 판단한 군부는 성적표 발급 자체를 제한하기 시작했다. 고작 성적표 한 장일 뿐이지만 나는 운이 좋은 편이었다. 얼마 지나지 않아 학생 신분이어도 출국 자체가 힘들어지고 말았다.

특히 나 같은 청년층은 선택지가 더 좁았다. 친구들은 시간이 갈수록 어떻게든 밖으로 나가야 한다는 생각에 사로잡혔다. 어느 가족은 자녀를 외국으로 보내려고 집을 팔거나 빚까지 감수했다. 모두 장학금을 받을 수는 없고, 남은 시간은 점점 줄어들고 있기 때문이었다.

대학 동료 중에는 나처럼 같은 전공을 계속 공부하지 못하고 간호직이나 기술직 같은 전혀 다른 분야를 배워 새로운 인생을 시작하려는 친구도 많았다. 그렇게 우리는 하나둘씩 각자 방식으로 미얀마를 떠났다. 떠난 이유와 경로는 달랐지만, 그런 선택의 밑바닥에는 모두 같은 마음이 있었다. 살기 위해서, 그리고 자유롭기 위해서.

처음 한국에 들어올 때는 모든 것이 너무 급했다. 쿠데타가 터지고 코로나 상황까지 겹치면서 머릿속에는 일단 나가야 한다는 생각뿐이었다. 그때는 1년, 길어야 2년만 버티면 상황이 나아질 테지 믿었다. 미얀마로 다시 돌아갈 마음으로 나왔고, 그런 탓에 친구와 친척, 아끼는 이들에게 제대로 인사 한마디 못 한 채 떠나와야 했다. 공항으로 가는 길에서도 실감이 나지 않았다. 그냥 빨리, 더 빨리 나가야 한다는 생각뿐이었다.

그렇게 어렵게 떠나온 사람 중에는 지금까지 다시 못 만난 친구들이 있다. 미얀마에 남은 가족이랑 떨어져 지낸 지도 벌써 5년째다. 엄마는 영상 통화로 얼굴을 보고 목소리를 들었다. 아빠와 동생은 작년에 한 번 태국에서 만나 가족 모임을 했다. 내가 떠난 지 얼마 안 지나 엄마도 미얀마에서 계속 살기 힘들어져 외국으로 나갔고, 뒤를 이어 동생도 미얀마를 떠났다. 지금은 아빠 혼자 미얀마에 남아 있다.

동생이 미얀마를 떠난 일도 미리 계획은 없었다. 모든 일이 갑작스러웠다. 코로나 전만 해도 동생은 나처럼 양곤 대학교 학생이었다. 나처럼 시민 불복종 운동에 참여한 동생이었다. 학교에 나가지 않고 군부 통치에 반대하며 거리로 나선 그 아이가, 어느 날 갑자기 나라를 떠나야 하는 상황에 놓였다.

2023년 말, 미얀마 상황은 더 나빠졌다. 2024년 초, 군부는 인력 부족을 이유로 20세에서 45세까지 남성에게 강제 징집 명령을 내렸다. 미혼 여성도 30대 이하라면 군 복무를 해야 했다. 나라 전체가 거대한 감옥이 되고 있었다. 군인들은 거리에서 청년을 납치하듯 끌고 갔다. 집 밖으로 나가는 일조차 위험해졌다.

부모님은 그런 상황에서 남동생을 더는 미얀마에 둘 수 없다고 판단했다. 동생은 급히 짐을 싸서 두바이로 향했다. 두바이는 학력에 상관없이 취업할 수 있다고 했다. 미얀마 청년들이 많이 향하는 나라였다. 그렇지만 이미 청년들이 숱하게 몰려 있었고, 일자리 구하기는 생각보다 훨씬 어려웠다. 동생은 6개월이 넘도록 취업하지 못했고, 그동안 우리가 보내는 생활비를 받으며 버텼다. 결국 부모님은 이 상태에서는 미래가 없다고 판단했고, 동생은 다시 태국으로 건너가 대학에 등록했다. 태국에는 미얀마 학생이 많지만, 학생 신분은 아르바이트도 못하고 돈을 벌 길도 없다. 그래서 지금도 동생이 쓰는 학비와 생활비를 가족들이 나눠 부담하고 있다.

이산가족

이런 이야기는 우리 가족만 겪는 사연이 아니다. 동생 또래 미얀마 청년들 대부분이 비슷한 길을 걷고 있다. 군에 끌려가지 않기 위해, 살아남기 위해, 되는 대로 나라를 떠난다. 나는 그래도 미얀마에서 대학을 거의 마친 덕분에 한국에 와서 다시 공부할 수 있지만, 동생 세대 아이들은 고등학교만 마친 채 떠난 사례가 많다. 언어도, 학력도, 기회도 없다.

두바이가, 그리고 태국이 그나마 숨 쉴 수 있는 마지막 선택지가 된다. 물론 그곳에서 필요한 생활비도 적지 않다. 그렇지만 이유를 댈 수도, 포기할 수도 없다. 살아 있기만 해도 다행이니까.

가끔 동생을 후원하는 일이 안 힘드냐는 말을 듣는다. 솔직히 말하자면, 전혀 힘들지 않다. 아니, 오히려 마음 한쪽에서는 동생이 무사히 다른 나라에 있다는 사실만으로 충분하다는 안도감을 느낀다. 너무 이기적일지도 모른다. 매일 뉴스에서 목숨을 잃는 젊은이들을 볼 때마다, 그래도 그 사람이 내 동생은 아니라서 다행이라는 끔찍한 생각이 문득 스쳐 지나간다. 쿠데타 세력이 쏜 총알에 맞은 한 사람은 한 사람의 아들이고 한 사람의 동생일 텐데도 말이다. 아직도 나는 그런 생각을 멈추지 못한다. 그럴 때마다 깨닫는다. 지금도, 나는, 여전히 이기적인 사람이라고.

우리 가족은 각자 흩어져 살게 됐고, 언제 다시 예전처럼 한집에서 함께 살 수 있을지 아무도 모르는 상황이 됐다. 우리는 거의 매일 영상 통화로 연락을 주고받는다. 영상 통화는 다른 나라, 다른 시간, 다른 공간을 잇는다. 언제 다시 만날 수 있을까 하는 생각은 모두 하고 있겠지만 차마 입 밖으로 꺼내지 못한다. 영상 통화를 마칠 때마다 점점 더 우울해진다.

시간이 흐르면서 나도 나이를 먹고 있고, 엄마와 아빠도 함께 나이를 먹고 있다. 그 사실이 문득문득 무겁게 다가온다. 부모님을 언제 다시 직접 볼 수 있을지 알수 없다는 점이, 그리고 건강은 괜찮을까 하는 걱정에 마음이 놓이지 않는다. 같이 살면 더 잘 챙길 텐데, 효녀답게 곁에 머물지도 못한 채 이렇게 떨어져 살고 있다는 생각에 더 슬퍼진다.

2021년 쿠데타 이후 우리 가족의 일상은 완전히 흩어졌다. 2024년 9월, 대학원에 입학해 첫 학기를 보내고 있던 때 막연히 두려워하던 일이 실제로 벌어졌다. 엄마가 건강 검진을 하다가 갑상샘암을 진단받았다. 다행히 초기라 수술하면 괜찮다는 설명을 들었지만, 엄마는 '암'이라는 단어 자체에 깊이 우울해했다. 혹시라도 죽기 전에 우리를 다시 못 보게 될까 봐 깊이 두려웠겠다.

나도 마찬가지였다. 입으로는 계속 괜찮으니 걱정하지 말라고 했지만, 마음속으로는 수술 중에 무슨 일이 생기면 엄마를 영영 못 보게 될지도 모른다는 두려움에 괴로웠다. 엄마는 미국에서 난민 신분으로 살고 있었다. 나는 수술할 때 곁을 지키고 싶어서 있는 힘을 다해 미국 비자를 신청했다. 그러나 비자는 거부됐다. 결국 엄마는 가족 없이 혼자 수술실에 들어가야 했다. 미국에 사는 친척들이 도와주기는 했지만, 외롭던 엄마 처지를 떠올리면 지금도 마음이 아프다.

그 일을 겪고 나는 다시 한 번 깊이 가라앉았다. 늘 막연히 걱정하던 일들이 현실로 다가올 수 있다는 사실이 실감 났다. 2025년 3월, 또 한 번 비슷한 일이 벌어졌다. 미얀마에서 큰 지진이 일어났다. 평소처럼 수업을 듣고 있는데 오래 연락하지 않던 한국인 친구가 미얀마에 있는 가족들 괜찮냐는 문자를 보냈다. 뉴스 링크도 함께 있었다.

아무 일 없을 것이라고 나 자신을 안심시키며 수업을 마쳤다. 그런데 점심 무렵부터 아빠에게 연락이 닿지 않았다. 오후 3시쯤부터 계속 전화를 걸고 메시지를 보내는데도 밤이 될 때까지 아무런 답이 없었다. 미얀마에 있는 다른 친구들에게 연락해도 아무도 응답하지 않았다. 그날 저녁이 돼서야 아빠가 보낸 괜찮다는 짧은 문자 한 통이 도착했다. 그제야 겨우 숨을 쉴 수 있었다.

사람들에게 우리 가족들 다 괜찮다고 답장을 보내면서도, 정작 나는 아빠하고 연락이 안 된 시간 동안 온갖 나쁜 상황을 상상하며 혼자 괴로워하고 있었다. 엄마와 동생도 각자 다른 나라에서 같은 마음으로 아빠 소식만 기다리고 있었다. 그 시간을 떠올리면 지금도 심장이 무겁다. 그런 순간들이 찾아올 때마다 나는 힘들었고, 이런 삶이 버겁다고 느꼈다. 그렇지만 부모님과 동생 앞에서 내가 무너지면 모두 무너질까 봐 늘 마음을 단단히 붙잡고 있어야 했다.

2021년 쿠데타가 남긴 후유증으로 우리 가족은 따로따로 살고 있다. 그렇지만 우리 가족만의 이야기는 아니다. 내가 아는 미얀마 가족들 대부분이, 열 중 여덟은 이렇게 흩어져 산다. 나만 힘든 마음이 아니라, 우리 대부분이 같은 고통 속에 있다. 개인 문제가 아니라, 쿠데타가 만든 집단 상처다.

그래서 우리는 쉽게 불평하지도, 변명하지도 못한다. 나라 안에서도 가족을 잃고, 굶주리고, 도망치듯 살아가는 사람이 너무 많기 때문이다. 우리 가족은 외국에 나와 흩어져 살 뿐, 밥도 제때 먹고 공부도 하고 일도 하면서 생활을 유지하고 있다. 언제 군인에게 끌려갈지 모른다는 공포 속에 살지는 않는다. 이 정도도 감사해야 한다는 말을 우리는 스스로 되뇐다.

다른 사람이 더 아프다고 해서 내 상처가 덜 아프다는 말은 아니다. 그렇지만 우리보다 더 극단적인 고통 속에 사는 사람들을 떠올리면, 우리는 아픔을 쉽게 말하지 못한다. 심리학적으로 보면 잘못된 태도일지도 모른다. 그래도 지금 우리는 이렇게 버틸 수밖에 없다. 마음의 상처를 붙잡고 징징대기에는 목숨을 잃고 삶이 무너지는 사람이 너무 많기 때문이다.

쿠데타는 우리 가족이 살던 일상 전체를 완전히 뒤집어 놓았다. 분명히 내 이야기이지만, 미얀마에는 비슷한 사연이 수없이 많다. 사연 없는 사람이 어디 있겠느냐고 말할 수도 있겠지만, 한 집단이 저지른 무책임하고 폭력적인 행동이 이렇게 많은 사람에게 고통스러운 이야기를 안긴 사실은 분명하다. 지금 미얀마 사람들은 그 고통을 안고 살아간다. 우리가 이렇게 흩어져 살고 있고, 각자 상처를 끌어안은 채 하루하루를 버티고 있다는 사실 자체가 미얀마 사람들이 여전히 살아 있고 견디고 있다는 저항의 증거이기도 하다. 우리는 그 상처 위에서 여전히 삶을 이어 가고 있다.

"어느 나라에서 오셨어요?"

한국에서 택시를 탈 때마다 운전기사들은 내가 외국인
이라는 사실을 금세 눈치챈다. 대개는 '한국말 잘하시
네요'라는 말로 대화를 시작한다. 그리고 어김없이 묻는
다.

"어느 나라에서 오셨어요?"

그럴 때마다 나는 미얀마에서 온 사람이라고 대답한
다. 그러면 대부분 반가운 듯 말한다.

"아, 아웅산 수치!"

그 이름을 먼저 꺼낸다. 미얀마는 아웅산 장군의 딸
이자 노벨 평화상을 받은 아웅산 수찌의 나라다. 그리고
잠시 뒤에는 또 다른 질문이 따라온다.

"거기 요즘 쿠데타 났다던데, 괜찮아요? 지금 상황은 어때요?"

택시를 탈 때마다 이런 대화가 반복된다. 내 머릿속에는 자연스럽게 어떤 인식이 자리 잡았다. 한국 사람들은 미얀마를 아웅산 수찌와 쿠데타의 나라로 알고 있다는 인식이다. 가끔 예전에는 미얀마가 축구를 잘한 나라라고 말하는 사람도 있지만, 한국인 대부분에게 미얀마란 민주화와 군부 쿠데타, 그리고 그 둘 사이의 투쟁으로 기억되는 나라다.

한국에서 민주화 운동을 공부하고 싶다고 말하면 사람들은 내 이야기를 진지하게 듣는다. 미얀마 출신이라는 사실에 더해 2021년 쿠데타 속에서 직접 민주화 운동을 겪은 사람이라고 하면 눈빛이 한층 더 깊어진다. 모두 묻는다.

"그때는 어땠어요?"

그런 순간마다 나는 내가 살아온 26년 시간을 되돌아보게 된다. 또래들이 비교적 평범하게 지나온 시간 동안 나는 정치적 격변 속에서 몇 번의 인생 반전을 겪은 셈이다.

나는 1999년생이다. 내가 태어난 뒤 미얀마는 두 차례 큰 민주화 운동을 겪었다. 2007년과 2021년이다. 2007년 '사프란 혁명' 때 나는 아직 아이였다. 그때는 세상이 이상하게 돌아간다는 느낌만 있었다. 어른들은 밖에 나가지 말라고, 위험하다고 경고했으며, 스님들이 거리로 나선 이야기만 들려왔다. 그러나 그 속에 담긴 의미를 제대로 이해하지는 못했다. 반면 2021년에 겪은 쿠데타는 달랐다. 나는 이미 성인이었고, 그 모든 일을 눈으로 보고 몸으로 겪었다. 거리의 함성, 두려움, 절망까지 모든 것이 내 기억에 선명히 남아 있다.

미얀마에는 규모가 큰 민주화 운동이 세 번 있었다. 1988년 '8888 민주 항쟁', 2007년 '사프란 혁명', 2021년 쿠데타에 맞선 이른바 '봄의 혁명Spring Revolution'이다. 세 사건은 각 세대의 기억 속에 서로 다른 모습으로 새겨져 있다. 나에게는 한 나라가 자유를 향해 나아가려 한 긴 여정을 구성하는 세 장면이자 내 인생 방향을 바꾼 계기이기도 하다.

해방 이후 아웅산 장군과 동지들은 미얀마를 연방 체제로 이끌려는 꿈을 꿨다. 아웅산 장군이 암살되면서 그 꿈은 실현되지 못했다. 미얀마에는 곧 독재의 그늘이 드리워졌다. 1962년 네윈이 군사 쿠데타를 일으킨 뒤 미얀마는 군부 통치 아래 놓였고, 오랜 세월 미얀마인들은 투표와 선거에 담긴 의미를 제대로 느끼지 못했다. 오직 한 번, 2015년 아웅산 수찌가 이끄는 민주주의민족동맹이 집권하면서 비로소 민주주의의 가능성을 봤다. 그리고 2020년 같은 정당이 다시 집권하면서 민주화의 희망은 조금 더 밝아지는 듯했다. 그러나 군부는 선거 결과를 부정하며 정권을 장악했고, 미얀마는 또다시 어둠 속으로 끌려 들어갔다.

2020년 총선은 내가 처음 한 투표였다. 투표소에 들어가 내 손으로 표를 찍으면서 시민으로서 정치에 참여하는 순간을 처음으로 경험했다. 동시에 나는 한 비정부 선거 감시단에서 참관인으로 아르바이트하며 선거 과정을 지켜봤다. 후보를 인터뷰해 기록하는 일을 맡았는데, 놀랍게도 상당수는 정치에 관한 기본적인 이해조차 부족했다. 정치학을 전공하는 학생으로서 안타깝고 허탈한 현실이었다.

그래도 소중한 경험이기는 했다. 민주주의가 완벽하지 않더라도 참여할 수 있다는 사실만으로 희망찼다. 지금 돌아보면 그때 투표도 하고 투표 현장을 지켜본 일은 행운이었다. 그러나 내가 처음 한 투표는 1년이 지나기도 전에 무효가 됐다. 군부 독재 시대가 다시 시작됐다.

미얀마를 떠나 한국에 와 살게 됐지만, 미얀마를 완전히 벗어날 수는 없었다. 여전히 미얀마 국민이기 때문이다. 미얀마 여권이 있고, 미얀마인으로 살아가고 있다. 한국에서 외국인으로 살려면 여권이라는 신분증이 있어야 한다. 여권은 나라는 사람의 국적과 출신을 규정한다. 어디에 있든, 무엇을 하든 나는 미얀마인이라는 사실에서 벗어날 수 없다.

한국에서는 가끔 여권이 지닌 '힘'을 이야기한다. 한국 여권으로 비자 없이 갈 수 있는 나라가 몇 곳이고, 그 숫자가 곧 국가의 힘을 보여 주는 지표라는 말도 종종 들린다. 여권은 단순한 신분증이 아니라 이 사람이 얼마나 믿을 만한 나라의 국민인지 가늠하는 도구처럼 작동한다. 국경을 넘어 이동하고 활동하려면 여권의 힘은 분명 중요한 요소다. 그리고 미얀마 여권은 세계에서 아주 약한 여권에 속한다.

미얀마 여권을 들고 비자 없이 갈 수 있는 나라는 별로 없다. 바로 옆 나라 태국에 들어갈 때조차 출입국 심사대 앞에서 늘 눈치를 보게 된다. 서류를 하나하나 다시 확인받고 괜히 더 질문을 받을 때도 많다. 미얀마 여권은 언제나 문제가 될 수 있는 골칫거리처럼 취급된다.

미얀마 여권을 지니고 있으면 외국에서 무슨 활동을 하든 제약이 더 많다. 대학 입학 절차에서도, 출입국 행정에서도 미얀마 여권을 지닌 사람에게 요구하는 서류와 단계는 보통 나라들하고 다를 때가 많다. 한국만의 문제라고 말할 수는 없다. 어느 나라도 합법적으로 체류하는 외국인을 원하게 마련이고, 우리는 기준을 맞춰야 한다. 다만 문제는 미얀마 정부의 무능과 혼란 때문에 그 기준을 맞추는 일 자체가 점점 더 어려워진다는 점이다.

한국에 와서 외국인으로 살다 보니 외국인들 사이에서도 보이지 않는 '급'이 있다는 느낌을 자주 받는다. 서구 국가 출신, 특히 유럽이나 미국 여권을 지닌 사람은 상대적으로 비자나 출입국 절차에서 훨씬 수월한 대우를 받는다. 반면 미얀마인이나 다른 동남아시아 국가, 아프리카 국가 출신에게는 훨씬 더 많은 서류와 검증을 요구한다. 노골적 차별이라기보다는, 이미 굳어진 국제 질서 구조처럼 느껴진다.

한국에 와 사귄 외국인 친구 중에는 내 여권 상황을 이해하지 못하는 사례도 많았다. 우리 나라로 여행 오라고 쉽게 말하지만, 나는 그렇게 쉽게 갈 수가 없다. 미얀마 여권을 정상적으로 받아 주는 나라가 많지 않기 때문이다. 여권만 있으면 어디든 갈 수 있다는 말은 한국 사람이나 유럽 사람, 미국 사람들에게나 가능한 이야기다. 우리는 어디를 가든 비자를 받아야 하고, 많은 돈과 복잡한 서류, 긴 시간이 필요하다. 비자 신청은 늘 골치 아픈 일이다.

가끔은 이런 생각이 든다. 돈 많고 부유한 나라 사람들은 비용을 거의 안 들이고도 세계 여행을 할 수 있는데, 가난한 나라 사람들은 더 많은 돈을 내고도 여행조차 쉽지 않다는. 나는 미얀마인치고 외국을 많이 다닌 편에 속한다. 일과 학업 때문에 동남아 여러 나라를 다녔고, 학회나 콘퍼런스에 참석하느라 유럽에도 간 적이 있다. 쿠데타가 터지기 전 미얀마에 살 때는 현지 대사관과 기관이 비자 발급 절차를 도와줘서 복잡하기는 해도 감당할 만한 수준이었다.

한국에서는 상황이 달라졌다. 대학원에 들어온 뒤 독일에 있는 어느 대학교에서 열리는 학회에 참가해 발표하게 됐다. 한국인 동료랑 같이 쓴 글로 지원해 함께 선발됐다. 연구자로서는 비슷한 대우를 받았지만, 출국을 준비하는 순간부터 우리는 전혀 다른 현실에 놓였다. 한국인 동료는 아무 준비 없이 다녀올 수 있었지만, 나는 비자 예약부터 신청, 서류 준비까지 몇 달을 매달려야 했다.

처음 학회에 지원할 때부터 나는 비자가 너무 힘들 것 같다면서 말렸지만, 그때는 동료도 실감하지 못한 상황이었다. 비자 예약을 잡고, 독일 대사관에 제출할 서류를 준비하고, 항공권과 숙소를 미리 결제하고, 각종 증명서를 내는 과정을 함께 겪으면서 동료도 내가 말한 비자의 무게를 체감한 듯했다. 고작 3박 4일 일정이었지만, 그 여행을 위해 나는 한두 달 가까이 정신없이 절차를 밟아야 했다.

이런 일을 겪을 때마다 느낀다. 미얀마인으로서 외국을 오가며 살아가는 삶은 쉽지 않다는 현실을. 한국에서 사는 일도 마찬가지다. 외국인으로 합법적으로 체류하려면 등록금뿐 아니라 일정 금액이 넘는 잔액 증명서를 계속 제출해야 한다. 비자를 연장할 때마다 정신이 없다. 보통 학생 비자는 2년 단위로 연장할 때가 많지만, 미얀마인은 1년, 때로는 6개월마다 비자를 갱신해야 할 때도 있다.

비자 문제가 전부는 아니었다. 한국에서 생활하려면

먹고살기 위해 돈을 벌어야 했고, 그러려면 아르바이트를 해야만 했다. 그런데 외국인 학생은 아르바이트 시간과 업종에 제한이 있다. 정해진 시간을 넘겨 일할 수 없었고, 조건을 맞추다 보면 생활은 점점 더 빠듯해진다. 우리는 공부하러 온 유학생이지만, 현실에서는 공부만 해서 버티기 어려운 때가 많다.

특히 미얀마 학생 중에는 부모에게 계속해서 돈을 요구할 수 있는 사람이 많지 않았다. 그래서 어떤 학생은 법적으로 허용된 범위 안에서 아르바이트도 하고, 또 어떤 학생은 어쩔 수 없이 불법으로 일도 한다. 성실히 일해도 급여를 제대로 받지 못한 이야기도 종종 들었다. 불법으로 일한다는 약점을 알고는 일부러 임금을 적게 주거나 부당하게 대하는 사장도 있었다. 물론 불법으로 일하는 학생도 책임이 있지만, 그 상황을 이용해 이익을 챙기는 사람도 분명 문제다.

더 큰 문제는 그런 위험이 전부 학생에게 돌아온다는 점이었다. 불법 아르바이트가 적발되면 학생은 벌금을 내야 하고 자칫 강제 출국을 당할 수도 있었다. 외국인으로 낯선 땅에서 살아가느라 어쩔 수 없이 일할 뿐인데, 일이라는 선택 때문에 체류 자체가 위태로워질 수 있다. 한국에서 공부하는 외국인 학생은 먹고살려고 하는 일조차 제약이 많고 불안이 동반된다.

나는 그래도 다행인 편이었다. 학생 신분이었고, 한국어 실력도 어느 정도 갖췄고, 학교도 비교적 안정된 곳이었다. 아르바이트를 구하고, 계약을 맺고, 일하는 데 큰 문제는 없었다. 많지는 않아도 먹고살 만큼은 벌 수 있었다. 열심히 하면 어떻게든 버틸 수 있겠다는 마음으로 살았다. 지금까지 나는 내가 번 돈으로 생활비를 마련하고, 등록금을 내고, 장학금을 따내며 여기까지 왔다.

그렇다고 다른 학생들이 나만큼 열심히 살지 않아서 힘든 것은 아니라는 사실도 안다. 일하면서 공부를 병행하는 삶이 얼마나 힘든지는 직접 해 봐야만 알 수 있다. 체력도, 집중력도, 마음도 계속 갈라진다. 그런 삶은 의지나 성실함만으로 설명할 수 있는 문제가 아니다.

한국인 친구 중에도 아르바이트하며 공부하는 친구들이 여럿 있었지만, 가까이 지낸 친구들은 대부분 집에서 어느 정도 도움을 받았다. 생활이 아주 넉넉하지는 않아도 당장 등록금과 생계비를 스스로 책임져야 하는 상황은 아니었다. 반면에 나는 월세, 생활비, 등록금까지 모두 스스로 벌어야 했다. 계속 일해야 했고, 그 시간만큼 친구들이랑 어울리거나 놀지 못했다. 불만은 없다. 다만 내 대학 생활은 흔히 말하는 대학생다운 모습하고는 조금 달랐다. 아이러니하게도 그럴 때 나는 미얀마에서 지내던 나를 떠올렸다. 그때 나는 친구들처럼 부모 도움을 받으며 대학을 다녔다. 한국에 와서는 오히려 그런 친구들이 부러웠고, 동시에 그 시절의 나 자신이 부러웠다.

또 하나, 한국에서 대학에 다니면서 늘 부러워한 존재가 있다. 바로 외국인 친구들이다. 학부 시절 내내 돈을 벌어야 하던 나는 일주일 중 5일은 출근하고 나머지 이틀은 학교에 가서 온종일 수업을 들으며 공부했다. 시험 기간이 되면 밤샘도 잦았다. 방학은 쉬는 시간이 아니라 이틀 정도 제대로 잠을 잘 수 있는 기간에 가까웠다. 그런데 방학이 되면 외국인 친구들은 자기 나라로 돌아갔다. 집에 가서 가족들이랑 시간을 보내다가 한두 달 뒤에 다시 한국으로 돌아왔다. 나는 그런 친구들이 늘 부러웠다. 나도 다른 유학생들처럼 방학이 되면 집에 돌아가 가족들을 만나 아무 생각 없이 쉬다가 오고 싶었다.

그런 방학은 내게 너무나 어려운 일이었다. 미얀마에 돌아가면 다시 한국으로 돌아오지 못할 수도 있기 때문이었다. 그래서 방학 때마다 집에 못 가고 계속 한국에 머물렀다. 가끔 외국에 나가기는 했지만, 휴식이나 여행이 아니라 여러 나라로 흩어진 미얀마 친구들을 만나러 간 자리였다. 집에 가고 싶었지만, 집 대신 태국에 가야 했다.

지금도 방학 때마다 자연스럽게 집으로 갈 수 있는 유학생 친구들이 부럽다. 나는 언제쯤 저렇게 가족이 있는 곳에 돌아갈 수 있을까, 1년에 한 번쯤 가족들을 직접 만나 같은 공간에서 함께 시간을 보낼 수 있을까 하고 자주 생각한다. 꼭 미얀마 출신이 아니어도 나처럼 집에 돌아가지 못하는 학생이 한국에도 많다. 그 친구들도 나 같은 마음으로 집을, 나라를 그리워하고 있을 테다.

어쩔 수 없는 일이었다. 견뎌야 할 현실이었다. 미얀마로 돌아가면 다시 한국에 못 올 수도 있고, 국경 안에 갇히면 아무것도 할 수 없게 될지도 모른다. 그래서 우리는 돌아가지 않는 선택을 했다. 그 선택이 옳은지, 언제까지 이렇게 살아야 할지는 모르겠지만, 명절이 오고 방학이 될 때마다 집이 더 그리워지는 마음은 어쩔 수 없었다. 집이라는 말이, 그럴 때마다 유난히 더 무겁게 새겨졌다.

이런 일들은 내가 한국에서 학생 신분으로, 미얀마인 유학생으로 살면서 겪은 경험이다. 다른 나라에서 온 학생들도 각자 다른 경험을 하고 있을 것이다. 그렇지만 내가 겪은 일들은 많은 미얀마 학생이 한국에서 공통으로 겪고 있는 현실에 가깝다.

사람, 미얀마 최다 수출품

한국에 들어오는 미얀마인이 모두 학생은 아니다. 쿠데타 이전부터 미얀마인들이 한국에 많이 들어왔다. 정부간 협약을 거쳐 노동자로 입국하는 사람이 많았다. 학생으로 들어오는 사람도 있었지만, 비율로 보면 노동자가 훨씬 많았다. 쿠데타 뒤에도 이런 흐름은 이어졌고, 관광 비자로 들어와 체류 자격을 바꿔 한국에 남는 사람도 생겨났다.

미얀마인들은 각자 다른 방식으로 한국에 들어오고 있다. 한국뿐 아니라 다른 나라로 향하는 사람도 점점 많아졌다. 쿠데타 이후 미얀마에서 가장 많이 나간 '수출품'은 물건이 아니라 사람이었다. 그중에는 미래가 창

창한 젊은 세대, 공부하고 일할 수 있는 사람들, 이른바 소중한 '두뇌들'이 많았다. 그래서 우리는 종종 말한다. 쿠데타 이후 미얀마의 최다 수출품은 사람, 그중에서도 생각할 수 있는 젊은이들이라고. 농담처럼 들릴지 모르지만, 오늘날 미얀마 현실을 가장 정확하게 드러내는 표현이기도 하다.

한국에 사는 미얀마인으로서 어떤 신분으로 지내든 공유하는 사실이 하나 있다. 우리는 모두 미얀마인이라는 고민, 그 무게를 함께 지고 살아간다는 점이다. 학생이든 노동자든, 체류 자격이 무엇이든 상관없이 우리는 미얀마 여권을 가지고 외국에서 살아가야 한다. 그리고 그 여권을 계속 연장해야 하는 순간을 반복해서 맞닥트린다. 신분은 달라도 같은 여권으로 묶인 미얀마인이라는 현실은 같다.

쿠데타 이후 많은 사람이 미얀마를 빠져나가면서 여권 발급 자체가 어려워졌다. 예전처럼 절차적으로 여권을 발급하지 않는 사례도 늘었고, 외국으로 나가려는 사람이 급증하면서 여권 발급 대기자가 쌓이고 혼란도 커졌다. 쿠데타 때문에 급히 나라를 떠나야 하는 사람들, 예전에는 여권이 필요 없던 사람들까지 밀려들면서 여권 하나를 얻는 일조차 예전처럼 수월하지 않게 됐다.

미얀마 밖에 있는 사람들에게는 또 다른 문제가 생겼다. 바로 여권 연장 문제였다. 외국에서 군부를 비판하고 민주화 활동을 하는 사람이 많아진 상황이지만, 국제 사회에서는 여전히 군부가 미얀마를 대표하는 '공식 정부'로 받아들여지고 있다. 그래서 다른 나라들은 군부가 발급한 여권이 유효하다고 인정하면서 그 여권을 연장하라고 요구한다. 결국 우리는 군부가 만든 시스템을 통해 여권을 연장할 수밖에 없었다.

나도 한국에서 살면서 여권을 한 번 갱신해야 했다. 미얀마 여권은 발급 뒤 5년마다 갱신해야 하는데, 내 여권은 2023년에 만료될 예정이었다. 그때 나는 부산에 살았고, 미얀마 대사관은 서울에 있었다. 여권을 갱신하려면 먼저 예약하러 직접 가야 했고, 서류를 제출하러 다시 가야 했고, 여권을 수령하러 또 한 번 가야 했다. 결국 부산과 서울을 세 번이나 오가는 불필요한 과정을 거쳐야 했다.

그런데 예약하러 처음 대사관에 간 날 이상한 장면을 봤다. 예전에는 없던 요구가 눈에 띄었다. 한국에서 노동 비자 등을 받아 일하며 돈을 버는 미얀마인들에게 미얀마 정부가 세금을 납부해야 한다며 현금을 요구하고 있었다. 그 돈을 내지 않으면 여권을 연장해 주지 않겠다는 식이었다. 서류도 영수증도 따로 없이 현금만 받는 듯했다. 몇 년 치 세금을 한꺼번에 내라며 한 사람당 적지 않은 금액을 요구했다.

다행히 나는 학생 신분이어서 그런 요구를 받지는 않았다. 도대체 무슨 상황인가 싶은 생각만 들었다. 얼마 안 지나 서울에 있는 미얀마 대사관 직원들이 금전 비리를 저지른 사건이 보도됐다. 그 뒤 현금 납부 방식이 계좌 이체로 바뀐 이야기를 들었다. 미얀마 군부는 나라 안에서 시민들을 억압하는 데 필요한 총을 사려고 나라 밖에 나와 있는 사람들 돈까지 끌어다 쓰고 있었다.

내가 여권을 갱신한 시기는 학부를 졸업하고 대학원에 지원하던 때였다. 아직 대학원 합격 발표가 나지 않은 상태에서 대사관에 가니까 직원이 왜 한국에서 여권을 연장하려 하느냐며 미얀마에 들어가 연장하라고 말했다. 나는 한국에서 대학원을 다닐 예정이기 때문에 여기에서 연장해야 한다고 설명했다. 그러자 직원은 대학원에 진학한다는 증거를 가져오면 연장해 주겠다고 했다. 그렇지만 아직 합격하기 전이라 제출할 수 있는 서류가 없었다.

그 과정에서 여러 번 상황이 악화될 뻔했고, 결국 여기에서 계속 공부해야 한다는 말을 반복하면서 간신히 비자를 연장할 수 있었다. 여권을 갱신하는 데 거의 한 달 반에서 두 달 가까운 시간이 걸렸다. 그 시간 동안 연장되지 않으면 어떻게 살아야 할지 걱정하고 체류 자체가 불안해지는 상황을 계속 떠올리며 지내야 했다.

여권을 둘러싼 문제들이 계속 벌어지는 상황에서 한국 정부는 여권을 절대적 기준으로 삼아 출입국 행정을 펼친다. 비자를 연장하려면 반드시 유효한 여권이 있어야 하고, 여권이 만료된 상태에서는 학생 비자를 유지할 수 없다. 여권이 만료된다고 해서 당장 쫓겨나지는 않지만, 난민 신분으로 전환하는 선택이 남을 뿐이다. 한국에서 난민 신분이 되면 공부를 계속할 수 없다. 나는 난민으로 살고 싶지 않았고, 반드시 유학생 비자를 받아야 했다.

유학생 비자로 살아가려면 여권이 필요했고, 그래서 무슨 일이 있어도 여권 연장은 포기할 수 없는 과제였다. 여권은 개인적 선택에 달린 문제가 아니라 한국 정부가 미얀마 군사 정부를 공식 정부로 인정하고 있다는 현실에 연결된 사안이다. 한국도 군사 정부가 발급한 여권만을 유효한 여권으로 인정하고 있다.

한편 한국에는 군부에 저항하는 미얀마의 민주 정부, 이른바 민족통합정부가 운영하는 사무실도 있다. 그곳에서 군사 정부 대사관이 여권 연장을 거부한 사람들에게 새 여권을 발급하겠다고 나선 적이 있었다. 실제로 새 여권을 들고 출입국관리사무소에 가서 비자 연장을 시도한 사람들도 많았다. 출입국관리사무소에서는 어느 정부가 발급한 여권이 진짜인지를 두고 논란이 이어졌고, 결국 군부 쪽 여권을 진짜로 인정하면서 민족통합정부가 발급한 여권은 휴지 조각이 됐다.

지나간 이야기가 아니다. 2025년 12월 미얀마 군부가 다시 실시하는 형식적 선거에 반대하는 시위가 서울에 있는 미얀마 대사관 앞에서 열렸는데, 그 시위에 참여한 사람들이 여권 연장을 막겠다는 협박을 받은 사실이 언론에 보도됐다. 미얀마 사람들은 외국에 나와서도 여권이라는 도구를 고리로 계속 통제받고 있다.

내 여권도 유효 기간이 5년이기 때문에 5년 뒤에 어떤 일이 벌어질지는 알 수 없다. 만약 그때 여권을 연장해 주지 않는다면 선택지는 극단적으로 줄어든다. 외국에 머물면서 불법 체류자가 되거나, 미얀마로 돌아가야 한다. 그렇지만 나는 불법 체류자로 살고 싶지 않다. 아직 하고 싶은 공부도 많고 만나고 싶은 사람도 많다. 불법 체류자가 되면 한국을 떠날 수도 없고, 적발되면 다시는 한국에 들어오지 못할 수도 있다. 다른 나라로 이동하는 일도 거의 불가능해진다. 그렇다고 미얀마로 돌아갈 수도 없다. 그래서 나는 지금 두 상황 사이에 끼어 있다. 합법적으로 살고 싶지만, 그 합법성을 유지하려면 나를 억압한 체제가 발급한 문서를 계속 붙잡아야 하는 상태. 이 모순 속에서 살아가고 있다는 사실이, 때로는 너무 곤란하게, 때로는 너무 무겁게 느껴진다.

처음 한국에 들어올 때만 해도 금방 다시 미얀마로 돌아갈 수 있다고 생각했다. 그래서 미얀마 국적, 미얀마인이라는 정체성을 그다지 의식하지도, 무겁게 느끼지도 않았다. 오히려 국적 변경은 아예 생각조차 하지 않았다. 언제인가 다시 미얀마로 돌아갈 텐데, 그때 내가 미얀마 국적이 아니라면 내 나라에 들어가려고 비자를 신청해야 한다는 사실이 싫었다. 나이가 들어 돌아가고 싶은 내 나라, 내 집에 비자를 받아서 들어가는 상황은 상상하고 싶지 않았다.

한동안 국적을 바꿀 생각이 전혀 없었다. 미얀마인으로 태어난 만큼 미얀마인으로서 미얀마로 돌아갈 작정이었다. 그런데 여권 관련 문제를 직접 경험하고 국적과 여권을 둘러싼 여러 사건을 지나오면서 생각이 조금씩 달라지기 시작했다. 지금은 가능하다면 미얀마 국적을 내려놓고 다른 나라 국적을 얻고 싶다는 마음이 들기도 한다.

미얀마를 싫어해서 드는 마음이 아니다. 오히려 미얀마 국적으로는 내 나라에서 아무런 보호도 받지 못한다는 느낌이 너무 강하기 때문이다. 미얀마 국적은 보호 수단이 아니라 통제 도구처럼 여겨질 때가 많다. 그 국적을 가진 채라면 어디에서도 온전히 자유로울 수 없다는 생각이 든다.

미얀마인이 아니라서 국적을 바꾸고 싶다기보다는 한 사회에 속한 사람으로서 보호받고 싶은 마음이 크다. 내가 살아가는 사회에서 최소한의 안전과 권리를 보장받고 싶기 때문이다. 국적을 바꾼다고 해서 내가 미얀마 사람이 아니게 되지는 않는다. 아무리 국적이 달라져도 나는 여전히 미얀마 사람이다. 미얀마인이라는 정체성을 지우고 싶은 마음 때문이 아니라, 살아남기 위해, 보

호받기 위해 국적을 바꾸는 선택도 고려하게 됐다. 지금
내 솔직한 마음이다.

미얀마, 친구들

나는 2021년 미얀마 군부가 일으킨 쿠데타에 반대하는 민주화 운동에 아주 잠깐 참여한 뒤 비교적 이른 시기에 미얀마를 떠나서 한국으로 오게 된 사람이다. 그래서 지금 내 위치에서 미얀마 상황을 이야기하거나 미얀마 안에 있는 사람들이 겪는 고통에 쉽게 공감한다고 말하는 행동은 조금 이상한 일이라고 생각한다. 나는 떠났고, 아무리 외국에서 힘들게 살아간다고 해도 여전히 남아 있는 사람들이 겪는 고통을 온전히 알 수는 없기 때문이다.

미얀마 안에 있는 사람들이 살아가는 삶은 다양하다. 상대적으로 덜 고생하며 살아가는 사람도 있고, 하루하루를 버티듯 살아가는 사람도 있다. 그리고 목숨을 잃고 희생된 사람도 있다. 외국인이 이런 이야기를 들으면 힘들겠다며 걱정하는 정도로 지나칠 수도 있다. 나도 외국에 나와 있는 사람이니까 그 고통을 대신 느끼거나 완벽히 공감할 수는 없다.

그렇지만 나는 조금 다른 느낌이 있다. 그런 고통을 겪고 있는 사람들이 추상적인 사람이 아니라 내가 아는 얼굴들이기 때문이다. 친구, 지인, 함께 공부한 이, 같이 시위에 나간 사람이 지금도 각자의 방식으로 고통을 겪고 있다는 사실을 안다. 그래서 그런 이야기를 들을 때마다 설명하기 어려운 묘한 감정이 든다. 멀리 떨어져 있으면서도 완전히 외부인이 될 수는 없는 상태다.

스무 살이 될 때까지 내 삶은 전부 미얀마에 있다. 어린 시절과 청춘의 앞부분, 내가 처음으로 세상을 배운 시간은 모두 미얀마에서 흘러갔다. 그곳에는 소중한 사람들이 있다. 나는 원래 사회성이 좋은 편은 아니어서 친구가 많지 않지만, 그 많지 않은 사람들조차 쿠데타 뒤에는 각자의 방식으로 큰 충격과 후유증을 겪고 있다.

그래서 내가 미얀마를 이야기할 때 이 사람들 이야기를 빼놓을 수는 없다. 나 혼자 한 민주화 운동은 아니기 때문이다. 가깝게 지낸 초등학교, 중학교, 고등학교 친구 중에도 나처럼 민주화 운동에 참여한 사람들이 있었고, 대학에 와서 만난 친구 중에도 거리로 나선 사람들이 많았다. 그중에는 지금도 미얀마에 남은 친구들이 있고, 나처럼 외국으로 나와 어떻게든 살아가는 친구들도 있다.

주변 친구들만 봐도 각자가 한 선택은 아주 다르다. 나처럼 쿠데타 뒤에 강화된 통제와 신변 위험을 피해 외국으로 나온 친구들도 있고, 그중에는 아예 전공을 포기하고 완전히 다른 삶을 선택한 친구도 있다. 정치외교학을 전공하다가 간호학을 처음부터 다시 시작한 사례다. 정치에 전혀 관계없는 기술을 익혀야만 나중에 안정적으로 살 수 있기 때문이라고 했다. 흔들리지 않는 직업이 있어야 자기도 살고, 부모도 돕고, 미래도 계획할 수 있다는 말이 아직도 기억에 남는다.

물론 외국에서 간호학을 전공하는 일은 결코 쉬운 선택이 아니다. 비용이 많이 들고, 긴 시간을 희생해야 한다. 처음 몇 년 동안은 부모님이 건네는 지원을 받았는데, 그렇다고 해서 외국에서 낯선 공부를 하는 그 시간이 쉬울 리는 없다. 어려운 시간을 지나 지금은 간호사가 돼 어느 정도 안정된 수입을 얻으며 살아가고 있다.

그런 모습을 보면서 나는 또 다른 생각을 한다. 그런 정도로 지원할 힘이 있다는 현실 자체가 어쩌면 또 하나의 행운이 아닐까 하는 생각.

그 친구는 지금도 간호사로 살아가고 있다. 정치하고는 완전히 다른 자리에서, 미얀마에서도 조금은 멀어진 삶을 이어 간다. 그리고 나는 그 선택이 틀리다고 말할 수 없다는 것을 안다. 쿠데타 이후의 삶이란 정답이 하나뿐인 문제가 아니기 때문이다.

지금 미얀마 상황이 어떤지 내게 묻는다면 모든 것을 안다고 말할 수는 없다. 그렇지만 미얀마 안에 남은 친구들이랑 연락하면서 그곳 사람들이 어떻게 살고 있는지, 무슨 마음으로 하루하루를 버티고 있는지 종종 듣는다. 그런 이야기를 들을 때마다 미안한 마음이 들고, 동시에 설명하기 어려운 묘한 감정이 따라온다.

시위에 함께 나간 친구 중 한 명은 아직도 미얀마에 살고 있다. 그 친구는 민주화를 향한 신념이 나보다 더 명확한 친구였다. 그렇지만 여러 사정, 특히 여성이라는 조건과 가족을 둘러싼 상황 때문에 지금까지 나라 안에 남아 있다. 그 친구랑 연락할 때마다 요즘 상황이 어떠냐고 묻지만 돌아오는 대답은 늘 비슷하다.

"어쩔 수 없이 그냥 살고 있어."

그 친구는 나랑 똑같은 정치외교학과 출신이었다. 나처럼 외교부에 취직해 평범한 외교관으로 생활하고 싶다는 꿈도 품고 있었다. 그렇지만 쿠데타 이후 민주화 운동에 참여한 뒤 나처럼 도망쳐 나오지는 못했다. 대신 그동안 남긴 기록과 흔적을 지우고 아무 일도 없던 사람처럼 평범한 삶을 살아가고 있다.

한번은 그 친구에게 왜 미얀마를 떠나지 않느냐고 물은 적이 있다. 그때 그 친구는 대답했다.

"너랑 나는 상황이 달라."

그 친구는 아버지가 없는 상황에서 엄마와 언니를 책임지고 살고 있었다. 언니는 건강도 좋지 않았다. 그래서 가족 곁에 남아야 했다.

"나는 너희처럼 미얀마를 떠날 수 없어. 지켜야 할 사람이 있어."

결국 그 친구는 외교관이라는 꿈을 포기하고 정치외교학과에서 배운 것을 전혀 쓰지 않는 다른 일을 선택했다. 관심은 없지만 가장 의심받지 않고, 훨씬 안전하고, 가족을 지킬 수 있는 일이었다.

그 친구는 미얀마 평균 급여보다 조금 더 나은 월급

을 받는다고 했다. 물가가 계속 오르고 있어서 여전히 빠듯하지만 먹고사는 데 아직 큰 문제는 없다고 했다. 그 친구는 조용히, 눈에 띄지 않게 살아가고 있다. 내가 미얀마 상황이 궁금할 때 연락하면 숨김없이 이야기해 주지만 통화가 끝난 뒤에는 대화 기록을 전부 지운다고 했다. 미얀마에서는 스마트폰이 추적될 수 있고 민주화 운동에 조금이라도 연결되면 무작정 끌려갈 가능성이 크기 때문이다.

그 친구 이야기를 들을 때마다 나는 내가 훨씬 더 안전한 위치에 있다는 사실을 느낀다. 그 친구는 나라 안에서 늘 불안과 공포를 안고 살면서도 동의하지 않는 체제 아래에서 밥벌이하며 버티고 있다. 혼자라면 그 친구도 지금 미얀마 밖에 살고 있을지 모른다. 그 답답함을 완벽히 이해할 수 없지만, 얼마나 막막할 마음일지 짐작할 수는 있다.

이런 이야기를 하다 보면 나 자신이 비겁하고 이기적인 사람으로 느껴질 때도 있다. 나는 미얀마 안에서 자유로운 삶이란 더는 불가능하다고 느껴서 떠났다. 가족의 미래를 충분히 계산하지 않은 채 일단 나 혼자 먼저 나왔다. 그러고 나서 어떻게든 되게 해 보겠다고 생각했다. 그런 점에서 보면, 나는 너무 이기적인 선택을 한 사람일지도 모른다.

다른 한편으로 우리 부모님은 나라도 먼저 안전한 곳으로 빠져나올 수 있어서 다행이라고 생각할지도 모른다. 부모 된 처지에서는 자식이 어디에 있든 조금이라도 안전한 삶을 살기를 바라는 마음이 더 클지도 모른다. 그 친구 엄마는 어떤 마음일까. 그 친구는 엄마 때문에 떠나지 못한다고 하지만, 그 친구 엄마는 또 얼마나 미안해하고 있을까. 그런 생각을 하다 보면 사람들이 하는 선택은 언제나 한 가지 기준으로 판단할 수 없다는 사실을 깨닫는다. 그 친구는 지금도 미얀마 안에서, 혼란스러운 상황 속에서 그냥 평범하게 버티며 살고 있다.

또 다른 친구도 있다. 가정 형편이 비교적 괜찮아서 나랑 함께 대학을 졸업은 하지만 정치외교학에 큰 관심이 없는 친구였다. 그 친구는 이 모든 일이 벌어지기 전부터 사업을 하고 싶다면서 작은 카페를 시작했다. 사업을 시작하자마자 쿠데타가 터졌고, 그 뒤로 상황은 예상보다 훨씬 더 힘들어졌다.

그 친구 카페는 수입 재료에 의존하는 구조였는데, 쿠데타 뒤에 물가가 오르고 유통이 불안정해지면서 재료비를 감당하기 어려워졌다. 손님도 줄었고, 장사는 점점 버거워졌다. 무엇보다 그 친구는 군부 체제에 동의하지 않는데도 그냥 눈치를 보면서 사업을 이어 가야 했다. 이런 현실은 그 친구뿐 아니라 미얀마 안에서 사업을 하며 살아가는 많은 사람이 겪는 고민이다. 겉으로 보면 평범한 사업가 같아도 일상은 전혀 평화롭지 않다.

우리는 모두 함께 민주화 운동에 참여했다. 다행히 친구들은 그런 사실이 발각되지 않아 체포를 피했고, 지금은 아무 일도 벌어진 적 없다는 듯 하루하루를 버티는 중이다. 평범한 일상 안에 늘 불안과 긴장이 깔린 채로.

잊을 수 없는 친구가 또 하나 있다. 내가 마지막으로 시위에 나간 날 잡혀간 남자 후배다. 그 후배는 감옥에서 두 달 정도를 지냈다. 그 뒤 풀려난 소식은 들은 적 있지만, 지금은 어디에서 어떻게 사는지 알 수 없다. 더는 미얀마 안에 없을지도 모른다.

가끔 그 후배가 궁금해진다. 미얀마가 아니라 외국이라면, 범죄 기록이 남은 상태에서 제대로 살 수 있을까. 외국에서 공부하거나 일하려면 범죄 기록이 없다는 증명서를 요구받는 사례가 많다. 그 후배는 과연 어떤 선택을 할까. 어디에서 어떤 삶을 살고 있을까.

이런 생각을 하다 보면 자연스럽게 나 자신에게 돌아오게 된다. 만약 그날 잡혀갔다면, 신상 기록에 빨간 줄이 그어졌다면, 나는 지금처럼 한국에서 평범한 학생으로 살 수 없었다. 어쩌면 난민처럼 떠돌며 살아가고 있을지도 모른다. 그런 가능성을 떠올릴 때마다 내가 얼마나 우연에 가까운 선택의 순간들 위에 서 있는지 실감하게 된다.

"우리 때도 저랬어"

같은 대열에서 함께 시위에 참여하는 대신 다른 방식으로 운동에 참여한 친구들도 있었다. 그중 한 명은 비교적 급진적인 방식으로 군부에 맞섰다. 그 친구는 쿠데타 이후 군부에 반대하는 단체에 속해 있었는데, 시위뿐 아니라 폭발 사건 같은 강한 저항 방식을 쓰는 단체였다.

우리는 초등학교, 중학교, 고등학교를 함께 다닌 사이다. 기억 속의 그 친구는 언제나 친절했고, 동시에 용감한 사람이었다. 아버지를 일찍 잃고 어머니와 여동생을 부양하며 살아가는 장남이었다. 쿠데타가 일어난 뒤에도 뒤로 물러서지 않았고, 결국 어느 날 체포 소식이 들려왔다. 내가 한국에 온 지 조금 지난 때였다.

조용한 사건은 아니었다. 그 친구가 소속된 단체가 이미 군부가 노리는 표적이 된 상태이기 때문에 뉴스에도 보도됐다. 그 친구는 물론이고 자기 친구들, 심지어 친구의 여자 친구까지 함께 잡혀갔다. 군부는 반란죄와 살인죄 등 온갖 혐의를 씌웠다. 그 친구가 직접 사람을 죽인 적은 없지만, 폭발 사건에 연루돼 있다는 이유만으로 군인 사망 사건까지 책임을 떠안아야 했다.

결국 그 친구는 종신형을 받았다. 다시는 밖으로 나올 수 없다는 형벌이었다. 그 소식을 들은 때 내가 가장 먼저 떠올린 사람은 그 친구가 아니라 그 친구의 어머니와 여동생이었다. 집안의 장남이 그렇게 사라진 뒤 남은 가족은 어떻게 살아가고 있을까 하는 생각부터 들었다. 우리는 그 친구 가족에게도, 그 친구에게도 쉽게 연락하지 못했다. 연락을 시도하는 행동만으로 우리까지 위험해질 수 있었다. 지금 돌아보면 분명 비겁하고 이기적인 선택이었다. 우리는 그 친구를 걱정하면서도 우리 자신의 안전을 먼저 지켰다.

그 친구는 벌써 4년이 넘는 시간을 감옥 안에서 보내고 있다. 한동안은 소식을 전혀 들을 수 없었지만, 얼마 전부터 친척이 도와줘 편지를 주고받을 수 있게 됐다.

아주 제한적이기는 하지만, 편지 속에서 그 친구는 아직 살아 있고 꿋꿋이 버티는 중이다.

그 친구는 개인적으로 아주 가깝고 내가 많이 아낀 사람이었다. 그래서 무슨 일을 하든, 무엇을 성취하든 그 친구가 가끔 떠오른다. 내가 학부를 마치고 석사 과정에 다니면서 하고 싶은 공부를 이어 가는 동안, 그 친구는 미얀마에 있는 감옥에 갇혀 똑같은 하루를 반복하고 있다는 사실이 늘 마음에 걸린다. 나는 앞으로 나아가는데, 그 친구의 삶은 그날에 멈춰 있다는 생각이 든다. 감옥 안에서 겪고 있을 분노와 고통을 떠올리면 죄책감이 밀려온다.

그렇다고 해서 우리까지 함께 무너질 수는 없다는, 아주 이기적인 마음도 동시에 존재한다. 그 마음을 부정할 수는 없다. 나는 그 친구를 잊지 않을 것이다. 앞으로도 계속 기억할 것이다. 그렇지만 기억하는 일만으로 그 친구의 삶이 나아질 수는 없다는 사실이 또 다른 무력감으로 남는다.

몇 차례 편지를 주고받으면서 그 친구는 우리에게 이런 말을 전했다. '나를 잊지 않고 기억하는 것만으로도 나는 행복하다. 그것으로도 나는 버틸 수 있다.' 그 문장을 읽고 나서야 우리가 서로 기억하는 일이 얼마나 중요한지 조금은 알게 됐다. 그래서 예전에 함께 지낸 친구들끼리 연락하면 자연스럽게 그 친구 이야기가 나온다. 그렇지만 그럴 때마다 분위기가 묘해진다. 우리는 이렇게 새해를 맞이하고 각자 일상을 이어 가며 살아가는데, 그 친구는 여전히 감옥에서 똑같은 날들을 보내고 있기 때문이다. 우리가 앞으로 나아갈수록 그 친구와 우리의 시간은 더 멀어지는 느낌이 든다.

그 친구랑 함께 체포된 사람들 소식도 종종 들려온다. 그 친구의 친구는 아직도 감옥에 있으며, 체포될 때 임신 중이던 여자 친구는 감옥 안에서 아이를 낳고 몇 달 뒤 아이랑 함께 밖으로 나온 상태다. 그렇지만 아이 아버지는 여전히 감옥에 갇혀 있고, 아마도 내 친구랑 비슷하게 오랜 시간을 감옥 안에서 보내야 할 상황이라고 한다.

이런 이야기를 들을 때마다 마음이 무거워진다. 우리는 같은 세대이고, 같은 나라에서 자라고, 같은 시기에 같은 문제를 마주한 사이이지만, 이렇게 밖에서 미래를 준비하는 사람이 있고, 아무것도 선택할 수 없는 상태로 감옥 안에 갇혀 있는 사람이 있다. 우리가 지금 눈앞의 삶을 이어 가려고 쏟는 노력이 어쩌면 그런 이들이 한 희생 위에 놓여 있지는 않을까 하는 생각이 들기도 한다.

감옥에 갇힌 그 친구하고 아주 가깝게 지낸 또 다른 친구가 있었다. 이미 세상을 떠난 사람이다. 쿠데타가 일어난 지 1년쯤 지난 때였고, 치안 상태는 이미 크게 무너져 있었다. 그 친구는 회사에서 일을 마치고 집으로 돌아가는 길에 살해됐다. 이유도, 과정도 분명하지 않은 죽음이었다.

그 무렵 비슷한 사건들이 계속 일어났다. 또래 남성들이 길에서 죽거나 사라지는 일이 잦았고, 많은 사례에 군인이 연루돼 있다는 소문이 돌았다. 경찰은 제대로 수사하지 않았다. 군부가 저지른 잘못이 드러날까 봐, 언론이 그 사실을 언급할까 봐 사건은 흐지부지 넘어갔다. 결국 그 친구 어머니는 살인범 정체도 모른 채 아들을 떠나보내야 했다.

나중에 들은 공식 결론은 돈을 노린 일반 강도가 저지른 범행이었다. 친구에게서 뺏은 돈은 한국 돈으로 치면 20만 원도 안 되는 액수였다. 그 정도 돈 때문에 사람이 죽은 사건이라는 설명이 전부였다. 그런 수사 결과가

진실인지 거짓인지는 아무도 모른다. 우리는 그저 그 친구가 너무 억울하게 죽은 사실만 안고 살아가게 됐다.

그 소식을 처음 듣던 날을 나는 아직도 또렷하게 기억한다. 출근을 준비하던 이른 아침, 미얀마에 있는 친구에게서 전화가 왔다. 우리 모두 함께 지낸 그 친구가 세상을 떠난 소식을 듣고 나는 '왜?'라는 말밖에 할 수 없었다. 울지도 못하고 아무 말도 하지 않은 채 멍하니 전화를 끊었다.

나는 그대로 출근했다. 사람들은 아무것도 모른 채 나에게 일을 시켰고, 나는 그 사이에서 일상을 이어 가고 있었다. 내 친구는 죽었는데, 나는 한국에서 평범하게 일하고 있다는 사실이 너무 이상하고 미안했다. 그날 느낀 죄책감과 묘한 감정은 지금도 완전히 사라지지 않았다.

살해된 친구와 지금 감옥에 있는 친구는 아주 가까운 사이였다. 처음에는 감옥에 있는 친구도 이 사실을 몰랐다. 나중에 편지를 주고받는 과정에서 우리가 소식을 전하자 그 친구는 감옥 안에서 많이 울었다고 한다.

누가 더 힘든지 비교조차 할 수 없었다. 감옥에 있는 친구도, 살해된 친구도, 친구들의 가족도, 우리 자신의 삶도 모두 박살 난 듯했다. 친구들의 가족, 우리 가족,

내 마음속에 남은 죄책감과 무력감까지 모든 것이 한꺼번에 무너진 느낌이었다.

이런 삶이 우리가 미얀마인으로 겪은 일상이었다. 평범하지 않은 일상, 그러나 미얀마에서는 너무나 흔한 현실이었다. 가끔 이런 생각을 한다. '나는 인생을 다 살아 본 것 아닐까?' 아직 이렇게 살아 있다는 사실이 비현실적으로 느껴질 때도 있고, 이 모든 것이 꿈은 아닐까 싶을 때도 있다.

미얀마 친구들 이야기를 하나씩 떠올리다 보면 우울해질 수밖에 없다. 사정이 없는 사람을 이제 거의 찾기 힘든 것 같다. 저마다 자기만의 상처를 안고 살아간다. 우리가 겪고 있는 이 현실은 지금 미얀마가 어떤 곳인지를 그대로 보여 준다. 그리고 그런 상처는 바로 지금 미얀마인으로 살아가야 하는 삶이 지닌 무게다.

엄마는 8888 민주 항쟁 이야기를 자주 들려줬다. 엄마는 그때 민주화 운동에 직접 나설 용기는 없었다. 그렇지만 눈앞에서 친구들이 끌려가는 장면을 분명히 목격했다. 그 친구들이 그 뒤에 어떻게 살고 있는지는 아무도 알 수 없었고, 아마 잘 살지 못할 것이라는 말만 남았다. 그 이야기를 처음 듣고는 그냥 '그런 일이 있었구나' 하고 넘겼다.

엄마는 8888 민주 항쟁 때 양곤 대학교에 다니고 있었다. 학교 안에서 급박한 사태가 벌어지자 너무 급하게 도망치다가 신발 한 짝을 잃어버린 채 집으로 돌아왔다. 그만큼 상황이 심각했고, 학교 곳곳에 학생들이 흘린 피가 흥건했다.

그런 이야기를 들을 때는 실감이 나지 않았지만, 내가 직접 겪고 나니 그 장면들이 머릿속에서 선명해졌다. 지금, 우리 세대에 같은 일이 벌어지면서 그런 이야기가 다시 현실이 됐다. 엄마 세대 이야기가 과거에 흘러간 비극이 아니라 지금도 반복되는 일상이라는 사실을 몸으로 느꼈다.

한번은 엄마랑 함께 한국 영화 〈택시운전사〉를 본 적이 있다. 쿠데타가 벌어지기 전이었다.

"우리 때도 저랬어, 저랬어."

엄마가 하는 말에 나는 그저 '아, 그랬구나' 하고 가볍게 반응했다. 그런데 2021년 쿠데타를 겪고 한국에 온 뒤 다시 그 영화를 볼 때는 도저히 끝까지 자리를 지킬 수 없었다. 영화 속 장면들이 내가 양곤 거리에서 직접 본 모습들하고 너무 똑같았다. 그때 처음으로 듣는 것,

보는 것, 직접 겪는 것이 얼마나 다른지 알게 됐다. 몸으로 겪은 기억은 쉽게 사라지지 않았고, 오히려 더 또렷하게 남았다.

엄마의 시대에도 젊은이들의 삶은 그렇게 무너졌고, 내 시대에 와서도 우리는 같은 일을 다시 겪었다. 평범한 일상은 한 번 더 뒤집혔다. 제국주의가 물러나고 미얀마가 해방을 맞았다지만, 정말로 해방된 적이 있는지나는 잘 모르겠다. 외형적인 해방이라면 몰라도, 군부독재에서 벗어나는 해방은 아직 오지 않았다. 한 나라에서 세대가 바뀐 뒤에도 같은 경험을 반복해서 겪고 있다는 사실이 정말 슬프고 정말 놀랍다. 단지 개인이 겪는불운이 아니라 미얀마라는 나라가 오랫동안 안고 있는구조적인 비극이다. 그리고 비극은 지금도 끝나지 않은채 이어진다.

다른 사람 이야기는 그나마 어느 정도 거리를 두고들을 수 있었다. 뉴스 속 이야기이거나 나랑 직접 연결되지 않은 지구 건너편 사람들이 겪는 고통이라면 슬프고 마음이 아파도 사실 오래 기억하지는 못했다. 그런데우리 이야기, 나하고 같은 말을 쓰고 같은 삶을 살던 사람들 이야기를 직접 보고 듣고 겪는 일은 전혀 다른 차원으로 다가왔다. 나는 미얀마인이고, 그 안에서 벌어지는 일들을 이미 알고 있고, 듣고, 이해하고 있다. 그래서 보고 듣기만 해도 슬프지 않을 수 없고, 외면할 수 없다. 미얀마 이야기는 나에게 뉴스가 아니라 일상이고, 남의 일이 아니라 내 삶의 일부다.

지금 내가 하는 이야기를 외국인이 듣는다면 아마도 '얼마나 힘들었을까' 정도 되는 느낌은 받을 수 있을 듯하다. 그렇지만 그런 일들이 일상을 파괴하는 과정을 완벽히 이해하기는 어려울 수밖에 없다. 내가 하는 이야기는 내 이야기이자 내 친구들 이야기일 뿐이지만, 미얀마에는 나랑 비슷한 사람들이 정말 많다. 그런 사람들 모두 친구가 있고, 가족이 있고, 친척과 지인이 있다. 건너고 건너서 결국 우리 전부에 가닿는 이야기라는 말이다.

내 친구들이 이렇게 망가졌다면, 다른 사람들의 친구들은, 다른 사람들의 아들딸은 어떻게 견디고 있을까 하는 생각이 든다. 목숨을 걸고 민주화 운동을 이어 가는 사람들 마음은 또 어떨까. 어떤 심정으로 하루하루를 버티고 있을까. 그런 생각들이 자꾸 떠오른다.

이 모든 것은 버릴 수도, 잊을 수도 없는 감정에 가깝다. 멀리 떨어져 있는 가족이나 친구를 보고 싶어하는 마음은 자연스럽다. 그렇지만 내가 보고 싶어하는 이들은 단순히 멀리 있는 사람들이 아니라 나보다 훨씬 더 힘든 상황 속에서 고통을 겪고 있는 사람들이다. 그래서 그리움은 위로가 되기보다는 설명하기 어려운 죄책감으로 바뀐다. 슬프다고 말하기에도, 그렇다고 단순히 괴롭다고 말하기에도 부족하다. 계속 이름 붙일 수 없는 감정이 남는다.

우리 인생이 어디부터 이렇게 틀어진 것일까, 이 민주화 과정에서 얼마나 많은 삶이 부서진 것일까 생각하다 보면, 결국 이런 마음에 닿는다. 이제 더는 희생은 없으면 좋겠다는 마음뿐이다.

감옥에서 온 편지

그동안 감옥에 갇힌 친구랑 주고받은 편지 중 일부를 노트에 옮겨 적었다. 편지 문구를 그대로 받아 쓰지는 않고, 편지 속에 담긴 문장과 감정, 반복적으로 등장한 표현을 내 식으로 다시 엮어 썼다. 원문을 그대로 옮기지 않은 이유는 단순히 편집 문제가 아니라 기록을 남기는 방식에 관련된 나름의 선택이었다. 편지에 기록된 필체와 문장에는 친구가 놓인 상황을 직접적으로 드러내는 요소가 있었고, 그런 요소를 그대로 공개하는 일은 또 다른 위험이 될 수 있다고 판단했다. 그래서 친구가 쓴 글씨는 남아 있지만 이름이나 장소 같은 특정한 정보는 의도적으로 지웠다.

살면서 감옥에 있는 사람이랑 편지를 주고받은 사람이 얼마나 될까? 나는 그런 경험이 없었고, 주변 사람 중에도 감옥에 있는 친구를 둔 사람은 없었다. 그런데 쿠데타가 일어나고 나서는 오히려 반대로 생각하게 된다. 감옥에 갇힌 친구가 없는 사람이 몇 명이나 남아 있을까. 2021년 3월 초, 내가 마지막으로 나간 시위만 해도 300명 넘는 사람이 한꺼번에 잡혀갔다. 그 뒤에도 사람들은 계속 체포되고 있다. 이렇게 많은 사람이 잡혀가니까 이제는 다들 감옥에 갇힌 친구가 한 명쯤은 있지 않을까 하는 생각이 들었다.

이 친구와 우리는 직접 편지를 주고받을 수 없다. 편지는 친구의 친척을 거쳐서 오간다. 우리가 하고 싶은 말을 문자로 보내면 그분이 손으로 받아 적어서 감옥 안으로 전달하는 방식이다. 친구가 그 편지에 답장을 쓰면, 그 답장이 같은 경로를 거쳐 우리에게 온다. 그런데 감옥에서 온 편지에도 공식 편지와 비공식 편지가 있다.

공식 편지는 교도관이 한 줄 한 줄 다 읽는다. 우리가 쓴 문장도, 친구가 다시 써서 보내는 문장도 한 줄씩 확인하면서 괜찮다는 표시를 하고 넘긴다. 조금이라도 수상한 표현이 있으면 편지는 밖으로 나오지 못한다. 그

သူ့လက်ချင်းက. အနှိုင်းတု ကြာ့ဖြိုကွ.

ငါ့ရဲ့ အကင် တွေထဲမှာ ဝင်းတို့ရဲ့ ထြဝေတ္ထပ်ပူမှ
ထင်ဂူ.ရ တုပ်ပဲ. အမြင်လာဘာရ ပဒွဲပုဂ်တွေ့ဂူ လော
ငါက ပိုဆန်ဆော ဆု:. ဒါ ကျော့. ငါ အတု ဆု:ြြဆော.

ဒီဂူ ပိုကျင်း ကျင်ဝင်မှာ့ရ ဂူ ပုင်ချင်ေဆ တွေ့ရ
ေဆ တစ်:တ: ြြဆော. အြြင်လ ဒွလလာ ႐ွ္ဒ႔ ႐ၤ္ဒၽ

အရြ ငါလ ေဆ:ၤ:ဒ္ဖြို.

'ဂူ'ဂ် ဆ်:ၽ:ေ ဂူကျ ဆဒတာ ဆော်က္ ၤ:ရွၽ.
ငါလ အြ့ေ့ပ္ ဂူ ဂ်ဂ်' ႐ွ အဂ္ တဒ့ေ့ဆော ဂူ်ႏ:ရၽ
အဂ္ဆော တဒ့ ႆဒၤ္ဂ်ႈ ဂၤ ဇ္ဖ္ဂဲ တ်ရႝၿ.

ၽ ဆၽဒၽ ဂူ်ဂ်ဂ်္ ၐ်ဂ. ငါ ဂ် 'ဂၤ္' ေ့ရ္ၵ်
အဂ္ ဂ်ၤ, ႑ ၽ ဝင်:တို့ ဖ်ဆ်ၽ လ:ြြဒၤ.

အဂ်ဆောဂ တ႑ ငါ႑ေ တ်ြြဝ်:ြြၽ: တ်ရ္ဂ္ တၤ္ၽ္
႑ ႑ၥ္ေ . အ႑ႏ: ႐္ၿ / ႑ၧ္ ဖ်ၤ: ႑ၤ္
ၽၽၽ႑ ငါ႑ ၽ္ဆောဆ်:

ငါ ႆ တ႑:လ:ၿ. ငါ႑ဂ္ အၤ:ြြဆဂူ.

ဂ်ဆ ၤ ြြ႑ၽ. ၽ႑.

친구야. 너무 많은 시간이 지났다.

내 과거에서는 너희들의 존재가 아직도 선명하다. 바깥세상의 현재에 나는 더는 존재하지 않는다. 그래서 편지도 많이 안 쓰게 된 거다.

여기 있으면서 먼 훗날에 내가 하고 싶은 것들을 상상해 봤다. 만약 밖에 나올 수 있다면.

과거에 나는 죽었다.

'그 친구'를 잃게 된 것은 너무 마음이 아프다. 내가 밖에 있었더라면 그 친구를 위해 무엇이든 해 줄 수 있었을 텐데. 지금은 무책임하게 우는 것밖에 할 수가 없다.

많이 보고 싶다, 나의 사람들아. 나랑 '그 친구'가 못 가는 술자리들에 우리를 위해 너희들이 더 재미있게 놀아 줘라.

바깥세상에 나는 서서히 사라지고 있다는 것을 알고 있다. 지금도 외모적으로도 심리적으로도 젊음이 나에게 남아 있지 않다.

나에게 편지를 써 줘. 나한테는 그게 힘이 된다.

꼭 다시 만나자. 친구야.

런 일이 반복되면 안에 있는 친구에게 고스란히 압박으로 돌아가게 된다. 친구가 조사를 더 심하게 받거나 수감 생활이 전반적으로 힘들어질 수도 있다. 그래서 우리가 쓰는 글이 모두 친구에게 전달되지도 않고 친구가 쓰는 글이 전부 우리에게 돌아오지도 못한다.

또 하나 중요한 조건이 있다. 편지는 반드시 버마어로 써야 한다. 영어는 안 된다. 감시자들이 영어를 이해하지 못해서 통제를 못 하게 될까 봐 아예 금지돼 있다고 한다. 어떤 사람이 감옥 안에 있는 사람에게 '내가 슈퍼 히어로가 된다면 너희를 다 구해 주고 싶다'는 문장을 쓴 바람에 수감자가 불려 나가 조사받은 이야기도 들었다. 어떤 사람이랑 연락하고 있냐고, 무슨 일을 꾸미고 있냐고 추궁당한 수감자는 일곱 살짜리 동생이 쓴 말이라고 둘러대서 넘어갈 수 있었다. 그런 이야기를 들을수록 우리는 더 조심할 수밖에 없다.

그래서 우리는 감옥 안 친구에게 편지를 쓸 때마다 정말 많이 고민한다. 한 문장, 한 단어가 혹시라도 친구에게 부담이 되지는 않을지 계속 생각한다. 친구도 마찬가지일 테다. 감옥 안에서는 이름 하나, 표현 하나도 모두 추적 대상이 될 수 있으니까 서로 조심해야 했다.

편지를 주고받는 또 다른 통로는 비공식 편지다. 교도관 등에게 돈을 주고 편지를 주고받는 방식이다. 한국 돈으로 치면 한 통(에이포 용지 한 장의 4분의 1 정도 되는 종잇조각 하나)에 1만 원에서 2만 원 정도를 내면 검열 없이 편지를 전달해 준다. 감시가 없어서 조금 더 자유롭게 쓸 수는 있다. 그렇지만 돈이 드는 만큼 하고 싶은 말을 다 쓰지는 못하고 최대한 줄여야 했다. 그래도 이런 비공식 통로는 밖에 있는 우리와 안에 갇힌 친구가 완전히 끊어지지 않게 해 주는 유일한 방법이었다.

어릴 때는 감옥이 죄지은 사람, 나쁜 사람만 가는 곳이라고 생각했다. 그런데 지금 내가 알고 있는 감옥에 갇힌 사람들을 떠올리면 완전히 틀린 생각이다. 지금 미얀마 감옥에는 꼭 나쁜 짓을 한 사람만 들어가 있지는 않다. 아무리 좋은 사람이라도 군부를 반대한다는 이유 하나만으로 감옥에 가는 나라다. 그래서 지금 미얀마에서 감옥은 범죄의 결과라기보다는 정치적 선택의 결과처럼 느껴진다.

미얀마 감옥을 제대로 공부한 적은 없다. 그렇지만 우리는 끔찍한 감옥 이야기를 정말 많이 들었다. 미얀마에는 감옥이 여러 종류다. 특수 감옥도 있고 일반 감옥도 있으며, 도시에 따라 감옥이 있기도 하고 없기도 하다. 일반 감옥은 사람들을 가두는 공간이지만, 그 안에서 지내는 삶은 직접 겪지 않으면 정확히 상상하기 어렵다. 다만 사람들이 감옥 안 모습을 표현한 그림을 보면 결코 인간적인 공간이 아니라는 사실은 분명해 보인다. 사람을 사람으로 대하지 않고 거의 짐승처럼 취급하는 장면을 종종 보게 된다.

우리가 흔히 아는 남영동처럼 반인권적인 고문을 저지르는 장소도 미얀마에는 있다. 군부를 반대한다는 이유로 끌려가는 곳, 반란 혐의를 씌워 사람들을 고문하고 심문하는 곳이다. 그곳에서는 남녀를 가리지 않고 폭력을 행사한다. 한 번 그곳에 다녀오면 평생 안고 살아야 할 병이나 후유증이 생기는 사람도 많다. 어떤 사람은 이가 다 부서져서 밥도 제대로 못 먹게 되고, 어떤 사람은 몸과 정신이 완전히 망가진 채로 나오기도 한다.

성폭행도 빠지지 않는다. 그곳에서 살아서 나온 사람들이 한 증언을 보면 성폭행은 거의 일상에 가깝다. 평범한 사람을 아무렇지 않게 죽이는 군인들인 만큼 그런 폭력을 저지르지 않을 이유도 없지 싶다. 그렇게 미얀마에서 감옥은 단순히 사람을 가두는 공간이 아니라 사람을 사람답게 살 수 없게 만드는 장소가 된다. 감옥에서 죽거나 다행히 살아서 밖으로 나오더라도 과연 평범한 삶으로 다시 돌아갈 수 있을까 하는 생각을 어쩔 수 없이 하게 된다.

군부를 반대한다는 이유 하나로, 끔찍한 범죄를 저지른 살인자에게도 해서는 안 되는 일을 당하고 살아야 한다는 사실이 정말 마음 아프다. 그렇지만 이런 현실이 지금 미얀마에서 실제로 벌어지고 있다. 먼 훗날 감옥에서 살아서 나온 사람들이 하나둘 목소리를 낼 수 있게 된다면, 그날이 오면, 이 이야기들은 더 구체적으로, 훨씬 분명하게 드러나게 되리라.

남영동 민주화운동기념관을 간 적 있다. 그 장소에 서 있는 동안 그 시대 한국인들이 겪은 고통이 단순한 역사적 사실이 아니라 몸으로 느껴지는 감각으로 다가온 기억이 난다. 미얀마에도 언젠가는 그런 날이 오기를 바란다. 지금 이 순간에도 미얀마에서 무자비한 폭력이 계속되고 있다는 사실을 우리는 안다. 그렇기 때문에 더더욱 기록해야 한다. 잊지 않기 위해, 아무 일도 안 일어난 양 넘어가지 않기 위해, 우리는 계속 기록해야 한다고 나는 믿는다.

감옥에 있는 친구가 보낸 편지가 올 때마다 나는 늘 미안한 마음이 든다. 단순한 죄책감이라기보다는 딱히 설명하기 어려운 어떤 감정에 가깝다. 친구는 편지에서 자기가 감옥 안에 있다는 사실 때문에 자기 존재가 바깥에서 점점 사라지고 있다는 감정을 느낀다고 쓴다. 그렇게 힘든 상황에 있으면서도 친구는 늘 밖에 있는 사람들의 안부를 하나하나 묻는다. 그런 문장을 읽을 때마다 마음이 무척 아프다. 가장 힘든 사람은 감옥 안에 있는 이인데, 정작 그 사람은 여전히 밖에 있는 다른 이들을 걱정한다.

친구는 편지에서 거의 항상 '나는 괜찮다'는 말만 반복한다. 그 말이 진심이 아니라는 사실을 우리는 모두 안다. 그런데도 친구는 바깥에 있는 이들을 잊지 않고 한 명씩 이름을 떠올리며 안부를 묻는다. 그렇지만 그 친구가 안부를 묻는 모든 사람이 친구를 똑같은 마음으로 기억하고 있는지는 잘 모르겠다. 나 또한 친구를 생각한다고 말은 하면서도 그 친구가 감당하고 있는 시간과 고통만큼은 결코 다 이해하지 못하고 있을지도 모른다.

우리는 아무것도 해줄 수 없었다. 그 사실을 모두 알고 있다. 그래서 더 미안하다. 다만 밖에 있는 우리가 할 수 있는 일은 편지 쓰기뿐이고, 감옥에 있는 친구는 그 편지가 힘이 된다고 말한다. '나를 잊지 말아 달라'는 말이 자기에게는 가장 큰 힘이 된다고 이야기한다. 그 말을 들을 때마다 마음 한쪽이 무너진다.

우리는 여기에서 일상을 살고 있고, 웃고 있고, 가끔은 행복해하기도 하는데, 친구는 감옥 안에서 오히려 우리에게 더 행복하게 살라고 말한다. 자기 대신에 더 많이 웃고, 더 잘 살라고 말하는 그 문장들이 나에게는 정말 큰 죄책감으로 남는다.

이 친구를 기억하는 이유가 단지 '내 친구'이기 때문만은 아니라고 나는 믿고 싶다. 잊지 말아야 해서, 잊어서는 안 되기 때문에 기억하고 있다고 생각하고 싶다. 언제 이 모든 일이 끝나면 다시 만나 친구에게서 직접 듣고 싶은 이야기들이 아주 많다. 내가 들려주고 싶은 말이 정말 많다. 그동안 하지 못한 말들, 편지에 다 담을 수 없던 이야기들. 그래서 요즘은 그냥 그런 생각을 자주 한다. 친구가 많이 보고 싶다. 정말 많이 보고 싶다.

2부

잊지 않는 한 잊히지 않는다

"혹시 이 수업 들으세요?"

쿠데타가 일어나고 한국으로 도망쳐 오게 된 지금 상황을 돌아보면, 나와 한국은 어쩌면 끈끈한 인연이 있지 않을까 하는 생각도 든다. 지금의 내게 한국은 분명히 안전한 곳이다. 그렇지만 처음부터 한국이 그런 의미를 지닌 곳은 아니었다. 처음 만난 한국은 그저 잠시 머물 공간일 뿐이었다.

한국에 들어올 때 나는 길어야 1년이나 2년 정도 있다가 다시 미얀마로 돌아갈 수 있을 거라고 생각했다. 그래서 한국이라는 나라에 특별한 의미를 부여하지 않았고, 정을 붙일 마음도 딱히 없었다. 나와 한국의 인연이 이렇게 오래 이어질 것이라는 생각 자체를 전혀 하지 않았다.

어학당에 처음 들어간 때도 마찬가지였다. 어학당에는 미얀마 사람이 한 명도 없었다. 친구들은 대부분 일본이나 중국에서 온 학생이었고, 나는 자연스럽게 어울려 지냈다. 처음부터 미얀마 친구가 없어서 미얀마인 커뮤니티에 들어가야겠다는 생각 자체를 하지 못했다.

한국에는 이미 오래전부터 미얀마 사람들이 모여 산다. 인천광역시 부평구 쪽에는 '미얀마 마을'이라고 불리는 동네가 있다. 예전부터 한국이 동남아 국가 출신 노동자들에게 비자를 내어 주기 시작하면서 들어온 사람들이 공장 근처에 모여 살게 된 곳이다.

내가 처음 다닌 어학당은 신촌에 있었고, 주변에도 외국인 학생은 많았지만, 미얀마 학생을 찾기는 쉽지 않았다. 그때만 해도 미얀마에서 학생 비자를 받아 한국으로 들어오는 사람 자체가 많지 않았다. 나도 일부러 미얀마 친구를 찾으려고 애쓰지 않았다. 어차피 조금만 지나면 다시 미얀마로 돌아갈 것이기 때문이었다.

한국에서는 미얀마 친구가 거의 없이 지냈다. 미얀마 사람들이 많이 다니는 학교나 지역이라면 다를 수도 있었지만, 우연히 미얀마인이 거의 없는 어학당에 들어갔고, 대학에 편입할 때도 외국인 학생이 별로 없는 학과를 선택했다. 그렇다고 한국인 친구가 많지도 않았다. 처음에는 한국 사람들이 외국인 친구를 조금 불편해하거나 조심스러워한다는 인상을 받았다. 나는 외국인이라는 이유로 사람을 가려서 사귀는 편은 아니었다. 친구면 그냥 친구였다. 그런데 한국 사람 중에는 외국인이라면 당연히 영어로 대화해야 한다고 생각하는 이들이 많아 보였다. 그런 이유 때문인지 먼저 다가오는 한국 친구가 거의 없었다. 어학당 시절에는 같은 학교에 한국인 학생이 많은데도 한국인 친구는 한 명도 없었다. 1년 가까이 외국인 친구들하고만 지냈다.

그 뒤 대학교에 편입하고 나서야 조금씩 한국인 친구도 생기고, 외국인 친구도 늘어나고, 우연히 미얀마 친구도 한 명 만났다. 친구를 만들려고 의식적으로 노력한 결과라기보다는 그냥 시간이 흐르면서 자연스럽게 맺어진 관계였다.

그때는 한국인이 '사귀어야 할 대상'이라기보다는 '한국어로 대화해야 하는 사람들'에 가까웠다. 굳이 한국인 친구를 찾아 나서지도 않았고, 일부러 거리를 두지도 않았다. 그냥 그렇게 아무 의미를 두지 않은 채 한국에서 보내게 될 시간을 시작하고 있었다.

한국인 친구 중 특히 기억에 남는 후배가 한 명 있다. 어느 날 학교 화장실에서 손을 씻고 있는데 옆에서 갑자기 말을 걸어왔다.

"혹시 이 수업 들으세요?"

그렇게 시작된 인연이 지금까지 이어지고 있다. 나중에 그 후배에게 나에게 말을 건 이유를 물었다. 그 친구는 수업 시간에 내가 영어로 어떤 단어를 읽는 발음을 듣고는 친해지면 영어 연습을 할 수 있겠다는 생각이 들더라고 말했다. 그런데 웃기게도 우리는 지금까지 영어로 대화한 적이 거의 없다. 늘 한국어로 이야기하고 그냥 편하게 친한 사이로 지낸다. 별다른 이유 없이 시작된 관계이지만 지금은 꽤 소중한 인연이 됐다. 그 밖에도 가깝게 지낸 한국인 후배가 몇 명 있고, 선배들도 여러 명 있다. 다들 나에게 잘해 주고, 잘 챙겨 주고, 나름대로 신경을 써 준 사람들이다. 그런 인연들은 분명 고마웠다.

그렇지만 몇몇을 제외하면 한국 사람들은 꼭 가까이 지내야 할 존재는 아니었다. 불편하지는 않았지만, 그렇다고 일부러 친해져야 할 이유도 느끼지 못했다. 다른 외국인들은 한국 사람들을 어떻게 느끼는지 모르겠지만, 내가 보는 한국 사람들은 그저 각자 바쁜 삶을 살아가는 이들이었다. 딱히 해를 끼치지도 않지만, 그렇다고 깊이 엮이지도 않는 존재들이었다.

그래도 한국 사람의 특징을 꼽으라고 하면 나는 늘 한 가지를 떠올린다. '다음에 밥 한 번 먹자'는 말을 정말 잘한다는 점이다. 처음에는 그 말이 진짜 약속인 줄 알았다. 그래서 약속 날짜를 잡으려고 하면 그 사람은 어느새 사라진 뒤였다. 실제로 밥을 먹게 되는 일은 거의 없었다. 처음에는 이해가 되지 않았다. 미얀마에서는 그렇게 말하지 않는다. 적어도 나는 그렇다. 다시 만날 생각이 없다면 그냥 '안녕' 하고 헤어지면 그만이다. 굳이 '다음에 밥 한 번 먹자'는 말을 덧붙일 필요는 없다. 그런데 한국에서는 많은 사람이 그 말을 아주 자연스럽게 한다는 사실을 나중에야 알게 됐다.

한국은 살기 괜찮은 나라라고 말할 수 있는 곳이다. 아주 행복한 나라는 아니지만, 그렇다고 살기 힘들어 미칠 듯한 나라도 아니다. 행복 지수 같은 지표는 잘 모르겠지만, 나는 그냥 살 만하다고 느낀다. 적어도 밤중에 낯선 이들이 우리 집 대문을 두드리며 들어와 무자비하게 검문하거나 군인들이 들이닥치는 일은 없다. 그 사실 하나만으로 한국은 나에게 안전한 곳이다.

좀더 솔직하게 말하자면, 한국은 돈이 있으면 살기 좋은 나라인 것 같다. 처음 한국에 들어왔을 때 가장 힘든 문제는 보증금을 마련하는 일이었다. 미얀마에서는 월세를 몇 달 치 한꺼번에 내는 일은 있어도 보증금을 따로 내야 하는 시스템은 없기 때문에 익숙하지 않았다. 게다가 외국인 학생이라 보증금을 마련하는 일이 훨씬 부담스러웠다. 그렇지만 돈이 있으면 좋은 집에 살 수 있고, 좋은 음식을 먹을 수 있고, 생활이 훨씬 수월해진다. 배달도 잘 되고, 굶어야 할 상황까지 몰리는 사례는 드물다.

비자 연장도 마찬가지다. 잔액 증명만 제대로 할 수 있다면 절차는 비교적 손쉽고, 수입이 많을수록 더 안정적인 비자를 받는다. 거의 모든 것이 돈에 연결된 구조처럼 느껴진다. 어느 나라나 비슷하겠지만, 한국에서는 그 구조가 특히 더 또렷하게 보였다. 아마 내가 이 나라에서 살고 있기 때문일 듯하다.

그렇다고 돈이 없으면 바로 살아갈 수 없게 되고 마는 나라는 또 아니다. 나도 외국인 학생으로 들어온 탓에 정말 돈이 거의 없던 시기도 많다. 그래도 시간이 있고 몸을 움직일 수만 있다면 돈을 벌 수 있는 기회는 있었다. 물론 개인적 경험이기는 하다. 한국어를 어느 정도 구사하고, 젊고, 시간을 쓸 수 있는 상황 덕분인지도 모를 일이다.

다만 외국인 학생이 합법적으로 일할 수 있는 기회는 분명히 제한적이다. 한국 국적이 있는 학생들은 언제 어디서든 비교적 자유롭게 아르바이트를 구할 수 있지만 외국인 학생은 시간제 취업 신고를 해야 하고, 법적 절차도 거쳐야 하며, 할 수 있는 일도 범위가 제한돼 있다. 한국어 구사 수준이나 비자 상태에 따라 조건은 더 달라진다.

그래도 적어도 나에게 한국은 미얀마처럼 아무리 노력해도 길이 보이지 않는 나라는 아니었다. 돈을 만들 기회 자체가 거의 사라진 곳은 아니었다. 그런 점에서 한국은, 적어도 내가 경험한 범위 안에서는, 돈을 벌 가능성이 남아 있는 나라, 그리고 굶지 않고 버틸 수 있는 나라였다. 어디까지나 나 개인의 경험이고, 모든 사람에게 똑같이 적용되지는 않을 수 있다. 그렇지만 나에게 한국은 그런 곳이었다. 아주 행복하지는 않아도, 그래도

살아갈 수 있는 나라. 그리고 그 정도면, 지금의 나에게
는 충분한 의미가 있었다.

'살 만한 나라'에서 '머물고 싶은 땅'으로

한국에서 오랜 시간을 보내면서 좋은 인연을 많이 만났다. 어학당 시절에 만난 친구들, 특히 가장 가깝게 지낸 일본인 친구들은 지금도 계속 연락을 주고받고 있다. 덕분에 외국 여행을 갈 때면 관광객이 아니라 친구 만나러 가는 기분으로 떠나게 됐다. 일본에서는 일본 친구가 이곳저곳을 다 보여 줬고, 홍콩 친구를 만나러 간 홍콩에서도 마찬가지였다. 외국에서 유학하며 외국인 친구를 사귀면 이런 장점도 누릴 수 있구나 하고 생각했다. 여러 나라에 있는 친구들을 한 명씩 만나러 여행을 다니고 싶다는 바람도 품어 봤다.

한국인 친구는 아니지만 한국 생활을 조금 더 재미있

게 해 준 사람들도 많았다. 시간을 버티고 삶을 이어 가게 해 준 소중한 인연이다. 한국 대학교에 편입한 뒤 아주 우연한 계기로 한 선배를 만났다. 답사하러 가던 길이었는데, 알고 보니 같은 과 선배이자 미얀마인이었다. 그 선배는 종교도 다르고 소수 민족 출신이었다. 선배는 개신교도이고 나는 불교적 배경에서 자란 사람이지만, 그런 차이 때문에 불편한 적은 없었다. 정말 좋은 사람이었고, 교회를 중심으로 자기가 할 수 있는 범위 안에서 미얀마 사람들을 돕는 중이었다.

미얀마에는 소수 민족이 많고, 그 사람들이 외국으로 나오면 그 나라에서 또다시 소수 민족끼리 모여 지내는 사례도 흔하다. 한국에서도 마찬가지다. 소수 민족이 자기들끼리 모여 커뮤니티를 만들고 민족 이름을 더 도드라지게 내세우며 지내는 사례가 있다. 그러다 보니 같은 미얀마 사람이라도 민족이 다르다는 이유로 소외되거나 도움을 받지 못하는 상황이 생기기도 한다.

그 선배가 이런 이야기를 한 적이 있다. 같은 소수 민족끼리 돕는 관계가 아니라 미얀마인이라면 모두 같은 공동체로 엮고 싶다고. 같은 언어를 쓰고 같은 나라에서 온 사람들이라면 하나의 커뮤니티로 함께해야 한다는 신념을 지닌 사람이었다. 그런 마음을 지닌 그 선배는 자연스럽게 나를 챙겼고, 덕분에 대학 생활이 훨씬 덜 힘들었다. 워낙 외향적인 선배여서 나도 같이 여러 곳을 다니고 다양한 사람을 만날 수 있었다. 지금도 그 선배는 크리스마스마다, 내 생일마다 꼭 연락을 준다. 여전히 나를 챙기는 사람이다. 한국인이 아니라 미얀마인이지만, 내게는 한국에서 만난 가장 고마운 사람 중 하나로 남아 있다.

한국 친구도 많다. 학부를 마치고 다시 서울로 올라와 대학원 생활을 시작하면서 지금까지 자주 만나고 같이 놀고 함께 고민을 나누는 친구들이 생겼다. 그래서 지금의 나는 예전보다 훨씬 덜 외롭고, 훨씬 더 버틸 힘이 있다. 지금 쓰는 이 글도 대학원에서 함께 공부하는 한 선생님이 소개해 시작된 일이다. 그런 인연들이 쌓여서 여기까지 오게 됐다.

나는 원래 공부를 좋아하는 사람이다. 대학원에 들어오면서 취향이 비슷한 사람들이랑 함께 공부하게 되니까 마음이 부쩍 편해졌다. 단순히 성적이나 성과를 올리려는 목적이 아니라 읽고 생각하고 이야기하기를 좋아하는 사람들이랑 어울리다 보니 인간적으로도 잘 맞는 친구들을 만나게 됐다.

한 독서 모임에서 알게 된 선생님들은 내 공부 생활 전반에 많은 도움을 줬다. 모두 한국 사람이지만 나를 외국인으로 대하지 않았다. 그냥 같은 사람, 같은 동료, 같은 공부하는 사람으로 바라봤다. 같이 공부하고, 같이 밥 먹고, 같이 고민을 나누는 사람들이었다. 나에게는 '안전한 장소' 같은 존재다. 언제든 도움이 필요할 때 이야기를 나눌 수 있고, 어디에 있든 쉽게 잊히지 않는, 정말 고마운 사람들이다.

대학원에 들어오면서 만난 지도 교수님도 내 인생에 큰 영향을 준 사람이다. 늘 나를 세심하게 챙겨 주실 뿐 아니라 공부가 이렇게 재미있는 일이라는 사실을 느끼게 해 준 분이다. 물론 공부는 여전히 어렵고, 때로는 많이 힘들다. 그렇지만 앞에서 길을 보여 주고, 기다려 주고, 설명해 주는 사람이 있다는 것만으로도 고통은 훨씬 덜하다. 좋아하는 공부를 포기하지 않고 계속 이어 갈 수 있는 이유 중 하나다.

지도 교수님뿐만 아니라 다른 교수님들도 모두 잘 대해 주셨다. 학과 분위기 자체가 편안했다. 특별한 이유 때문이 아니라 그냥 다들 좋은 사람들이었다. 그래서 나는 지금 비교적 마음 편히 공부하고 있다. 좋아하는 사람들이랑 좋아하는 공부를 함께할 수 있는 이 환경이 정말 소중하다.

그래서 한국에서 지내는 삶을 이야기할 때 이 사람들의 존재를 빼놓을 수 없다. 한국이 나에게 '살 만한 나라'에서, '머물고 싶은 땅'으로 바뀐 이유는 결국 사람들이다. 만약 내가 앞으로 평생을 특정한 한 나라에서 살아야 한다면, 그 선택지에 한국이 포함될 수 있는 이유 역시 이 사람들이다. 이 나라 자체보다 이 나라에서 만난 사람들이 나를 한국에 붙잡아 두고 있다.

생각하면 나에게 한국은 이미 외국이다. 나는 유학생이고, 한국은 내가 태어난 나라가 아니니까. 그래서 그런지 여행을 간다고 하면 한국 안에서 어디를 가고 싶다기보다는 한국이 아닌 다른 나라로 가고 싶다는 생각을 더 많이 한다. 한국 사람들은 서울이 좋다, 부산이 살기 좋다, 목포 분위기가 다르다 같은 이야기를 자주 하는데, 그런 말을 들을 때마다 나는 조금 다른 감각을 느낀다. 어디를 가든 다 한국이고, 그냥 다 같은 한국이기 때문이다.

미얀마에 살 때는 나도 지역마다 분위기가 다르다고

느꼈다. 같은 나라라도 어느 도시에 가느냐에 따라 기분도 다르고, 기억도 다르고, 공기도 달랐다. 그런데 한국에서는 내가 외국인이기 때문에 그런 미세한 차이가 잘 느껴지지 않는다. 서울이든 부산이든, 어느 도시에 가든 그냥 한국이고, 한국 사람들이다. 웃기기도 하고, 한편으로는 당연하기도 하다. 그래서 한국 안에서 다니는 여행보다는 아예 다른 나라로 나가야 더 여행 같다.

그렇다고 한국에서 사는 일이 불편하냐 하면, 꼭 그렇지는 않다. 한국은 그냥 한국이고, 나는 그냥 여기에서 살고 있다. 한국말을 어느 정도 할 줄 아는 외국인이라는 이유로 예쁘게 보는 사람들도 있고, 적어도 지금까지 노골적인 인종 차별을 겪은 적은 없다. 물론 외국인처럼 생긴 사람이고 실제로 외국인이기 때문에 완전한 한국인이 될 수 없다는 현실은 나도 안다. 그래도 한국말을 쓰고, 한국 음식을 먹고, 한동네에서 같이 살아가고 있다는 이유 덕분에 심하게 배척당하는 느낌은 받지 않았다.

어쩌면 내가 사는 환경이 차별이 심한 공간은 아니어서 그럴 수도 있고, 내가 한국어를 어느 정도 이해하고 사용할 수 있기 때문일 수도 있다. 그래서 나처럼 한국어에 어느 정도 능숙하고 한국 생활에 적응한 외국인에게 한국은 꽤 살 만한 나라일 수 있다. 물론 다른 외국인들은 전혀 다르게 느낄지도 모른다. 언어 때문에, 아니면 외모나 국적 때문에 훨씬 더 많은 차별을 겪는 사람들도 분명히 있다.

나도 차별을 전혀 느끼지 않는 것은 아니다. 다만 인간적 차별이라기보다는 법적 차별에 가깝다. 같은 세금을 내도 국민이 아니라는 이유로 받을 수 없는 혜택이 있고, 절차가 더 복잡한 일들이 많다. 그렇지만 한편으로는 내가 이 나라 국민이 아닌데 뭐든 당연하게 요구하는 태도도 이상하지 않을까 하는 생각이 들 때도 있다.

나에게 한국이란 노력하면 쫓겨나지 않고 살 수는 있지만 완전하게 보호받을 수 있는 나라도 아니다. 국적을 바꾸지 않는 한 내가 받을 수 있는 법적 혜택에는 분명한 한계가 그어진다. 그렇다고 아주 살기 힘든 나라도 아니다. 특별히 살기 좋은 나라라고 말하고 싶지도 않다. 그냥 외국인으로서 지낼 만한 나라 정도에 가깝다. 외국인이라서 못 받는 혜택은 잊고 그냥 살게 해 주는 정도만으로 감사할 때가 있다. 혜택이 아니라 통제와 강압만 당하던 미얀마에서 온 사람으로서. 한국은 국가로서는 그저 그렇지만, 나를 아껴 주는 사람들이 사는 곳이기 때문에 한국에서 지내는 삶은 그다지 나쁘지만은 않다.

한국과 미얀마

쿠데타가 일어난 뒤, 우리는 페이스북이나 인스타그램 같은 에스엔에스로 미얀마 안에서 벌어지고 있는 상황을 바깥세상에 알리기 시작했다. 국제 사회에 도움을 요청하는 일이기도 했지만, 동시에 군부가 저지르는 무자비한 탄압과 폭력을 역사로 남기는 기록이기도 했다. 누구인가 보고 있다는 사실, 어디인가에 남아 있다는 사실 자체가 우리에게는 저항이자 증언이었다. 그래서 우리 힘이 안 크다는 현실을 알면서도 계속해서 미얀마 상황을 바깥에 알리려 애썼다.

　쿠데타 직후에는 세계 뉴스에서도 미얀마 이야기가 자주 나왔다. 국제 사회도 관심을 보였고, 여러 나라에서 성명이나 비판이 이어졌다. 여기에서 '뉴스'에 관해 생각해 봤다. 나는 어릴 때부터 군부가 운영하는 매체를 통해 특정한 말을 반복해서 들었다. 《미국의 소리VOA》나 《영국방송공사BBC》 같은 외국 언론은 거짓말을 하고 있으니 서방이 퍼트리는 프로파간다에 속지 말라는 이야기를 신문과 방송에서 늘 접했다. 외국 방송을 보고 듣는 행위 자체가 불법이라는 경고도 따라왔다.

그런 말을 믿은 사람은 별로 없었다. 아빠는 집에서 항상 라디오를 틀어 두고 《비비시》 뉴스를 들었다. 특히 버마어로 방송하는 《비비시 버미즈BBC Burmese》는 집 안 어디에서 늘 흘러나왔다. 그래서 어릴 때부터 자연스럽게 《비비시》에서 전하는 뉴스를 듣고 자랐다. 대학교에 들어간 뒤부터는 유튜브나 팟캐스트를 통해 《비비시》 국제 뉴스를 영어 연습 겸 계속 듣고 있다.

쿠데타가 처음 일어난 때만 해도 《비비시》 국제 뉴스에서 미얀마 관련 소식을 자주 다뤘다. 그렇지만 시간이 지나면서 비중이 점점 줄어들었다. 지금도 거의 매일 《비비시》 국제 뉴스 팟캐스트를 듣고 있지만, 2025년 기준으로 미얀마 이야기는 1년에 몇 번 나올까 말까 한 수준이다. 평균 대여섯 번 정도, 많아야 열 번을 넘길까 말

까다. 세계 뉴스의 중심은 러시아-우크라이나 전쟁 같은 더 큰 쟁점으로 옮겨 갔고, 미얀마 상황은 점점 뒤로 밀려났다.

쿠데타 초기에는 여러 나라가 쿠데타를 규탄하고 대사관을 통해 견해를 밝히기도 했다. 그러나 시간이 지나자 그런 반응도 눈에 띄게 줄어들었다. 국가 차원에서 눈에 띄는 움직임하고는 별개로 사람 대 사람 사이의 연대로 눈을 돌리면 상황은 조금 달랐다.

한국 사람 중에도 미얀마 민주화 과정에 관심을 기울이는 이들이 적지 않다. 지금도 미얀마 관련 시위가 이어지고 있고, 미얀마 민주화 상황을 계속 지켜보는 사람도 많다. 지금도 미얀마 이야기를 써 달라거나 응원에 더해 상황을 알려 달라는 요청을 자주 받는다.

처음에는 한국 사람들이 미얀마에 관심을 기울이는 이유를 깊이 생각하지 않았다. 그저 고맙고 다행이라는 감정이 먼저 다가왔다. 그런데 한국에 와 살면서 한국 역사와 사회를 조금씩 공부하다 보니 그 이유가 조금씩 보이기 시작했다. 한국도 군사 독재를 겪은 뒤 치열한 민주화 운동을 거쳐 오늘날에 이른 나라였다. 한국 사람들이 미얀마 상황을 남 일처럼 보지 않는 이유는 비슷한 시간을 통과한 기억 때문이다.

한국과 미얀마는 1980년대 아시아를 휩쓴 민주화 흐름 속에서 매우 비슷한 경험을 공유한 나라라고 할 수 있다. 한국에서는 1987년에, 미얀마에서는 1988년에 대규모 민주화 운동이 일어났다. 오랜 기간 지속된 온 군사 독재와 권위주의 정권에 맞선 저항이었다. 그런 점에서 보면 1980년대 아시아 민주화 운동의 맥락 속에서 한국과 미얀마는 나란히 놓고 비교될 수 있는 사례다.

역사적 배경을 조금 더 거슬러 올라가면 두 나라의 출발점 또한 완전히 다르다고 보기는 어렵다. 1945년 2차 대전이 끝나면서 한국과 미얀마는 모두 식민 지배에서 해방됐고, 그 뒤 신생 국가로서 국가 체제를 구성해야 했다. 해방 뒤 곧바로 안정된 민주주의 국가로 나아가지 못하고 전쟁과 분단, 군부의 정치 개입 속에서 오랫동안 권위주의 통치가 지속된 공통점도 있다. 그렇게 두 나라는 해방 이후 수십 년 동안 독재 체제 아래 놓여 있었다.

결국 1980년대 후반에 이르러 억눌린 사회적 긴장이 폭발하듯 민주화 운동이 대규모로 분출된 점에서도 두 나라의 경로는 닮았다. 그러나 여기에서 결정적인 차이가 생긴다. 한국의 민주화 운동은 제도적 민주주의로 이어지고 군사 정권 종식이라는 성과를 달성했다. 반면 미얀마의 민주화 운동은 군부가 자행한 폭력적 탄압에 좌절되면서 제도적으로 정착되지 못했다.

아마도 이런 역사적 경험 때문에 한국 사회가 미얀마 상황에 더 깊이 공감할 수 있다고 생각한다. 비슷한 시간대에 비슷한 방식으로 독재에 맞선 기억이 한국 사회 안에 남아 있어서 미얀마 민주화 투쟁이 단순히 먼 나라가 겪는 불행이 아니라 지난날 자기들 이야기에 겹쳐서 다가올지도 모른다. 그런 점에서 한국과 미얀마의 민주화 경험은 성공과 실패라는 결과에서 나타난 차이를 넘어 서로 이해하게 만드는 중요한 역사적 연결 고리다.

공감이라는 감정은 비슷한 경험이 있을 때 비로소 일어나는 감정이다. 아무리 다른 나라 사람들이 미얀마 상황을 안타까워하고 이해하려 노력한다 해도, 직접 독재 정권에 맞서 싸운 경험이 없다면 고통을 온전히 이해하기 힘들 수 있다. 민주주의를 쟁취하려 거리로 나서고 국가 폭력을 직접 마주한 기억이 없다면 그 공감은 어디까지나 간접적일 수밖에 없지 않을까.

그런 점에서 한국과 미얀마는 닮았다. 적어도 1980년

대만 놓고 보면, 두 나라 상황은 놀라울 정도로 유사했다. 그런 덕분인지 한국 사회는 2021년 쿠데타가 벌어진 뒤에도 미얀마 상황을 비교적 깊이 이해하고 연대하는 모습을 보였다.

이미 1988년 미얀마 민주화 운동 때에도 한국 언론은 미얀마 상황을 보도하면서 '1980년 광주'를 자주 소환했다.* 광주는 한국 사회에서 오랫동안 충분히 이야기되지 못한 사건이었고, 미얀마 민주화 운동은 억눌린 기억을 다시 끌어올리는 계기가 됐다. 오래 집권한 독재자에 맞선 저항, 시위 현장을 휩싼 분위기, 국가 폭력의 방식도 서로 닮아 있었다. 이런 역사적 경험이 쌓이면서 한국 사회에는 미얀마에 연대하는 감각이 비교적 오래 유지됐다.

다만 1988년과 2021년의 연대 방식은 분명히 달라졌다. 1988년에는 언론 보도가 중심이었다면, 2021년에는 에스엔에스가 핵심 구실을 했다. 인터넷과 스마트폰이 보편화된 시대 덕분에 미얀마 젊은 세대는 시위 현장과

---

* 정일영, 〈1988년 "버마"로 1980년 광주를 기억하기: 한국 신문의 미얀마 민중항쟁 보도를 중심으로〉,《서강인문논총》제57호, 서강대학교 인문과학연구소, 2020.

군부 폭력을 실시간으로 기록하고 전세계에 알릴 수 있었다. 뉴스는 훨씬 빠르게 퍼졌고, 연대 범위도 확 넓어졌다. 이런 점에서 2021년 민주화 운동은 기술적으로는 훨씬 '보이는' 운동이었다.

그렇지만 이면에는 부작용도 분명했다. 기술은 시민들만 쓸 수 있는 도구가 아니었다. 군부도 똑같은 기술을 활용해 시위 참여자의 위치와 신상을 추적했다. 체포와 희생의 메커니즘은 오히려 더 정교해졌고, 우리는 에스엔에스를 거쳐 참혹한 장면을 실시간으로 마주해야 했다. 불타는 거리, 희생자가 겪는 고통, 죽어가는 사람들이 영상으로 공유되면서 폭력은 단순한 '뉴스'가 아니라 집단 트라우마로 남았다. 보는 것 자체가 또 다른 고통이 되는 경험이었다.

잊지 않는 한 잊히지 않는다

지금 미얀마 상황은 더욱 불투명하다. 군부가 자행한 탄압에 밀려 많은 언론사가 폐쇄되거나 외국으로 떠났고, 그나마 전해지는 뉴스도 대부분 국경 바깥에서 생산되고 있다. 그 과정에서 군부 폭력을 고발하는 한편으로 격한 감정과 정치 성향이 강하게 드러나는 기사들이 늘어나면서 사실과 선동, 진실과 과장이 뒤섞이는 문제도 발생한다. 특히 페이스북 중심의 뉴스 유통 구조에서는 무엇이 사실이고 무엇이 왜곡인지 가려내기가 점점 더 어려워지고 있다.

미얀마 민주화 운동은 국내외적 연대를 끌어내는 데 분명 성공했지만, 학문적 차원이나 분석적 수준에서 활용할 만한 기록은 오히려 부족해지고 있는지도 모른다. 지금 우리는 너무 많은 이야기와 넘치는 이미지와 흘러가는 감정 속에서 방향을 잃은 민주화의 현재를 마주하고 있다. 그래서 지금의 미얀마가 어디로 가고 있는지, 이 싸움이 어떤 국면에 와 있는지 아무도 정확히 모른다고 말할 수밖에 없는 상태다.

2021년 쿠데타 이후 이제 5년 차에 접어들었다. 시간이 흐르면서 세계의 관심은 점점 다른 더 중요한 뉴스들로 옮겨 갔고, 미얀마 이야기는 국제 뉴스의 중심에서 서서히 사라졌다. 상황이 나아져서 관심이 줄어든 걸까? 그렇지 않다. 오히려 미얀마 상황은 더 혼란스럽고 더 폭력적으로 바뀌고 있다.

군부는 쿠데타를 세탁하기 위해 다시 '선거'라는 형식을 꺼내 들었다. 2025년 12월 28일(1차), 2026년 1월 11일(2차), 2026년 1월 25일(3차)에 치른 이 선거는 군부가 국제 사회에서 절차적 정당성을 얻으려는 시도였다. 형식적으로는 선거를 치르지만 실질적으로는 아무런 민주적 의미가 없는, 철저히 연출된 무대에 가까웠다.

이 선거가 가짜인 이유는 분명했다. 먼저 공정한 선거라면 모든 정당이 참여해야 하는데 반군부 성향을 띤 정당과 인물은 애초에 배제됐다. 투표 현장에는 군인이 상시 배치돼 있었으며, 종이 투표가 아닌 전자 투표라 조작될 가능성이 매우 컸다. 더 나아가 투표에 참여하지 않으면 출국을 제한하겠다는 협박까지 자행됐다. 전국 단위로 치러지는 선거도 아니었고, 군부가 통제 중인 지역에서 부분적으로 실시됐다.

모든 조건을 종합하면, 이 선거는 민주적 선택 과정이 아니라 군부가 꾸민 '극장'에 가깝다. 겉으로 보면 절차를 갖춘 듯해도 현실은 결과가 이미 정해진 연출된 행사다. 군부는 제대로 된 절차를 밟은 정부라는 명분을 내세워 국제 사회에서 다시 인정받으려 한다.

그래서 이 점만은 분명히 말해야 한다. 2025년 미얀마 군부가 감행한 선거는 가짜다. 선거라는 형식을 빌린 이벤트일 뿐 민주주의에는 아무런 관련이 없다. 1988년에도, 2021년 쿠데타 이후에도 군부는 다양한 방식으로 권력을 정당화하려 했고, 이번 선거도 그런 시도 중 하나일 뿐이다.

한국 사회에서도 미얀마를 향한 연대와 관심이 표현되는 방식은 다양하다. 그렇지만 지금도 한국에서 미얀마를 지지하고 연대하려는 마음이 있다면 반드시 이 사

실을 알아야 한다. 군부 쿠데타 세력은 선거를 치른다고
해서 정당한 정부가 될 수는 없으며 민주적 절차를 흉내
낸다고 해서 민주주의가 될 수도 없다는 사실 말이다.
이번 선거는 어떤 의미에서도 정상 정부로 복귀하는 과
정이 아니다. 비정상적 쿠데타를 정상적 정치로 포장하
려는 또 하나의 연극일 뿐이다.

가끔 민주화 운동이란 무엇인지 생각한다. 민주적이
지 않은 체제를 반대하는 실천이 민주화 운동이라면 그
런 실천을 어떤 방식으로 수행하느냐에 따라 참여 형태
는 매우 달라질 수 있다. 거리로 나가 몸으로 부딪치는
사람도 있고, 지켜보는 사람, 지지하는 사람, 기록하는
사람도 있다.

민주화 운동가라면 하루의 시작부터 끝까지 오직 저
항만 생각하며 살아야 한다는 이미지도 있지만, 어쩌면
상상 속 모습일지도 모른다. 사람에게는 일상이 있게 마
련이고, 생존이 먼저 충족돼야 그다음 선택을 할 수 있
다. 먹고사는 문제가 해결돼야 비로소 다른 문제를 고민
할 여유가 생긴다. 민주화 운동도 예외는 아니다.

이런 점에서 서구 사회에서 말하는 근대화 이론, 곧
경제적 안정이 일정한 수준에 다다라야만 민주화가 가

능하다는 주장이 완전히 틀린 주장은 아닌 양 느껴지기도 한다. 한국은 그 이론에 비교적 부합하는 사례로 자주 언급된다. 1960년대와 1970년대부터 이어진 경제 개발 과정에서 사회가 변화했고, 결국 민주화 운동도 성공을 거뒀다. 물론 한국이 겪은 경험은 단일 민족 국가라는 조건이나 냉전기 미국이 한 개입 등 여러 특수한 요소를 함께 고려해야 한다.

미얀마는 상황이 다르다. 여러 민족이 공존하는 사회에서 민주화 이전에 민족 간 갈등과 충돌하는 요구가 충분히 조정되지 못한 상태였다. 그런 나라가 쿠데타에 직면할 때 민주화가 성공하려면 어떤 조건이어야 하는가, 그 성공은 어떤 모습이어야 하는가, 서로 다른 민족들은 같은 민주화를 같은 방식으로 꿈꾸고 있는가 등은 쉽게 답할 수 없는 질문이다.

그래서 나는 민주화 운동도 살아 있어야 할 수 있는 일이라고 생각하게 됐다. 살아가기 위해 우리는 일상적인 경제 활동을 해야 하고 생존을 유지해야 한다. 영화 속 장면처럼 매일같이 거리에 나가서 버티는 식으로 살 수는 없다. 거리에 나가 행동하고, 다시 일상으로 돌아오고, 다시 행동하는 과정을 반복하면서 우리는 살아간다. 그런 과정에서 민주화를 향한 꿈을 잊지 않아야 한다는 점이 중요할 뿐이다. 거리에서 희생된 사람들, 이름 없이 사라진 사람들, 지금도 미얀마 안에서 버티고 있는 사람들을 잊지 말아야 한다. 외국에 나와 비교적 안전하게 살고 있다고 해서 미얀마 안에 남아 있는 이들을 잊어서는 안 된다는 감각을 유지해야 한다.

그래서 나는 기록하고 알리는 행위 자체가 저항이라고 생각한다. 우리가 겪은 국가 폭력을 반복해서 말하고, 주변 사람들에게 설명하고, 더 멀리 전하려는 노력은 민주화 운동을 구성하는 중요한 한 형태라고 생각한다. 기억하는 것, 기록하는 것, 그 기억을 다음 세대에게 남기는 것도 민주화를 향한 길이다. 희생의 강도는 서로 다를지라도, 우리는 각자 자리에서 같은 미래를 향해 노력하고 있다. 그런 의미에서 한국 사회가 보여 주는 연대, 지나간 역사를 기억하려는 노력, 계속 관심을 기울이는 태도는 우리에게 혼자가 아니라는 감각을 전해 준다. 그래서 나는 미얀마 상황을 물어보는 모든 사람이 진심으로 고맙다.

그렇지만 동시에 마음속에 남는 질문도 있다. 한국에서 대학을 졸업하고, 친구들끼리 여행을 가고, 서로 생일을 챙기며 조금씩 성장하는 내 삶과, 미얀마 안에서 이미 삶이 멈춘 사람들의 시간을 떠올릴 때면 묘한 죄책감이 든다. 계속 이어지는 인생을 살면서 우리는 혹시 희생된 사람들을 조금씩 잊고 있지 않을까. 미얀마 이야기를 나눌 때도 친구나 지인들 이야기만 반복하고 있지 않을까. 우리가 모르는 사람들이 겪는 고통에는 얼마간 무심해지고 있지 않을까. 죄책감에는 이런 질문들이 따라온다.

그럴 때마다 나는 다시 나 자신에게 말한다. 맞다, 우리는 친구이기 때문에 기억하고, 가족이기 때문에 잊지 못한다. 그러나 같은 언어를 쓰고 같은 땅에서 자란 사람 중에 이 비극에 무관한 미얀마인은 없다. 모두 잃은 사람이 있고, 멈춘 시간이 있다. 우리는 모두 이 이야기를 떠안고 살아갈 수밖에 없다. 군부가 아무리 정상화를 말하고 모든 것을 덮으려 해도 우리는 결코 잊지 못한다. 그리고 이 '잊지 못한다'는 감각은 우리가 여전히 민주화를 향해 걷고 있다는 증거다.

그래서 나는 믿는다. 세상 사람들 관심이 줄어들어도, 미얀마 이야기가 뉴스에서 사라져도, 미얀마인들이 존재하는 한 이 이야기는 사라지지 않는다. 전세계 사람들이 건네는 연대는 중요하고 감사하지만, 무엇보다 우리 자신이 간직한 기억이 중요하다. 우리가 서로 잊지 않는 한, 이 저항은 끝나지 않는다.

변형되는 저항

2021년 2월 1일 발생한 군부 쿠데타는 단순히 선출된 정부를 전복한 사건이 아니었다. 새로운 통치 질서가 출현한 순간이었다. 국가 비상사태를 선포하고 국가행정위원회 State Administration Council·SAC를 구성한 군부는 체포, 법령, 감시, 일상 통제를 핵심으로 하는 통치 방식을 전면화했다. 지난 시절 군사 정권이 귀환하는 모양새를 띠었지만, 이전보다 훨씬 더 조밀하고 즉각적인 형태였다.

이 시점부터 정치는 제도적 논쟁 영역을 벗어나 일상 공간으로 침투하기 시작했다. 인터넷 접속은 불안정해졌고, 밤을 지배하는 침묵은 전혀 다른 의미를 담게 됐다. 해 진 뒤 들리는 발소리와 초인종 소리는 공포로 인식되기 시작했다. 체포 가능성은 더는 정치인이나 활동가에게 국한되지 않았고, 불복종 자체가 범죄가 되는 사회가 형성됐다. 군부는 쿠데타를 철저히 준비한 상태에서 움직였지만, 우리는 당황하고 혼란스러운 상태에서 서로 연락할 방법조차 잊은 채 이 사태에 반응해야 했다. 군부는 무기가 있었지만, 우리에게는 양심뿐이었다. 미얀마군은 나라를 지키기 위해 외부의 적에 맞서는 존재가 아니라 국가 내부에서 무력을 행사하며 독재를 유지하는 데 알맞게 설계된 테러 집단에 가까웠다.

그런 상황에서도 저항은 빠르게 집단적이고 조직적인 형태를 띠기 시작했다. 의료진이 가장 먼저 업무를 거부했고, 이어 교사, 노동자, 은행원 등 다양한 직군이 시민 불복종 운동에 합류했다. 특히 공무원이 참여한 사건은 상징적이었다. 공무원이 참여하면서 시민 불복종 운동은 단순한 파업이나 시위 전술이 아니라 군부 통치에 협력하지 않겠다는 집단적 윤리 선언에 가까워졌다.

시민 불복종 운동이 지닌 중요성은 운동이 띤 성격에서 찾을 수 있다. 비무장 운동이었고, 공개적 운동이었고, 무엇보다 지속적 운동이었다. 참여자들은 생계 위협과 체포 위험을 충분히 인식하고 있었지만, 그런데도 국가를 '작동시키지 않기'를 실행해 군부가 내세운 정당성을 거부했다. 그 순간부터 저항은 일회적 행동이 아니라 삶의 태도가 됐다.

그러나 시간이 흐르면서 군부는 국가 운영에 미숙한 탓에 시민 불복종 운동에 참여한 공무원들을 압박하기 시작했다. 형식적이나마 국가가 운영되는 모양새를 유지하고 싶은 군부는 공무원들에게 복귀를 강요했다. 체포와 폭력의 위험을 피해 다닌 사람도 있었고, 생존 때문에 억지로 다시 출근한 사람들도 있었다. 출근하지 않으면 무기를 앞세워 협박받았고, 출근하면 배신자로 비난받았다. 결국 강력한 무력을 휘두르는 군부 통제 아래로 다시 들어갈 수밖에 없는 상황이 점점 늘어났다.

그렇지만 끝까지, 지금도 도피 생활을 이어 가며 불복종을 지속하는 사람들도 여전히 있다. 군부는 시민 불복종 운동 참여자를 블랙리스트에 올려 공항을 거쳐 출국할 가능성을 차단하는 등 모든 수단을 동원해 공무원들을 통제하려 했다. 한때 국가를 위해 일하던 사람들이 반란죄를 무릅쓴 범죄자로 낙인찍혔다.

쿠데타 직후에 벌어진 시위는 비교적 평화로웠고, 국내외에 상황을 알리기 위한 대규모 집회가 중심이었다.

거리에는 군부에 반대하는 구호가 끊임없이 울려 퍼졌고, 시내 교통이 마비될 정도로 많은 사람이 도로를 점거했다. 대학생은 가장 역동적인 저항의 주체로 등장해 시위를 조직하고, 정보를 공유하고, 상징적 공간을 점유했다. 1988년 민주화 운동에서도 대학생들이 운동을 이끌었듯, 이번에도 대학생들을 믿고 거리로 나선 사람들이 많았다.

해가 뜨면 거리로 나가고 해가 지면 집으로 돌아왔다. 다음 날 정해진 시간이 되면 다시 동네 앞에 모여 군부에 반대하는 구호를 외쳤다. 시위대에게 음식을 나눠주는 사람들이 많았고, 후원도 이어졌다. 아이와 노인을 빼면 거의 모든 사람이 거리로 나왔다. 규모와 열기만 보면, 군부 쿠데타에 반대한다는 뜻은 충분히 민주적으로 표출됐고, 실제로 체제를 흔들 수 있을 듯 보이기도 했다.

2021년 2월 말에서 3월 초로 접어들면서 군부는 전략을 전환했다. 시위는 더는 단순히 해산 대상이 아니었다. 이제 시위대는 추적되고 제거돼야 할 대상으로 규정됐다. 애초에 불법으로 권력을 장악한 군부가 평화 시위를 봐줄 이유는 없었다. 우리가 거리에서 평화적으로 목소리를 내는 동안 군부는 우리 움직임을 관찰하고 분석했다. 시위대 동선, 조직 방식, 활동가와 지도자의 행적을 체계적으로 추적했다.

돌아보면 쿠데타 직후 이어진 평화로운 시간은 우리를 배려한 결과가 아니었다. 마치 사냥꾼이 목표로 삼은 짐승을 관찰하듯 저항의 구조를 파악하는 준비 기간에 가까웠다. 무자비한 체포와 감금이 본격화되면서 초기 시위에 참여한 많은 사람은 공포를 느낄 수밖에 없었다. 거리 시위의 규모와 빈도는 점차 약화됐다.

군부는 저항이 디지털 공간을 매개로 조직된다는 사실도 빠르게 인식했다. 페이스북 차단, 인터넷 셧다운, 통신 제한은 일상적 통치 수단이 됐다. 단순히 시위를 막으려는 조치가 아니라 사람들을 고립시키는 정치적 기술이었다. 정보 단절은 공포를 증폭시켰다. 무슨 일이 벌어지고 있는지, 체포된 사람이 누구인지, 어느 소문이 사실인지 알 수 없는 상태가 지속됐다. 이 시기를 지배한 혼란과 불확실성은 개인적 불안이나 우연한 혼란이 아니었다. 철저히 계산한 통치 전략이었고, 공포를 고리로 삼아 사회 전체를 마비시키려 의도된 장치였다.

거리에서 탄압이 거세지는 한편으로 제도적 차원의

저항도 형성되기 시작했다. 선거를 통해 당선한 의원들은 쿠데타가 불법이라고 선언하면서 연방의회 대표위원회Committee Representing Pyidaungsu Hluttaw·CRPH를 구성했다. 군부가 국가를 대표할 수 없다는 정치적 주장은 거리의 저항과 제도 정치 사이를 잇는 상징적 고리였다. 연방의회 대표위원회는 2020년 총선에서 당선한 의원 중 쿠데타 직후에 체포를 피해 달아난 인사들이 주도한 일종의 망명 의회였다.

기술 발달 덕분에 우리는 이 망명 의회가 진행되는 과정을 온라인으로 지켜볼 수 있었다. 회의는 진짜 의회랑 비슷한 형식을 띠었고, 여기에서 결정된 정책과 견해는 페이스북이나 공식 홈페이지에 공지됐다. 정책적 효력은 한계가 분명했지만, 미얀마인들이 보낸 자발적 후원을 바탕으로 군부에 대응하는 '대사관'을 비롯해 비슷한 사무실을 국내외 여러 곳에 만들었다. 단순한 저항의 상징을 넘어 군부 통치에 맞선 또 다른 대표성을 실험하는 장이었다.

그 뒤 출범한 민족통합정부는 저항의 정치적 상상력을 한층 더 확장했다. 목표는 단순히 민주적 정권을 복귀하는 수준이 아니라 연방제와 다민족 국가로 국사를 재구성하는 데 맞춰졌다. 저항은 과거 질서를 되돌리는 움직임이 아니라 전혀 다른 국가 형태를 모색하는 단계로 이동했다. 망명 정부는 실질적 권력을 확보하기 위해 도시 시위에서 벗어나 각지로 흩어진 무장 저항 세력에 연결됐고, 지역 통제력을 회복하려 시도했다. 국민, 영토, 주권이라는 국가의 핵심 요소를 온전히 충족하지는 못했지만, 쿠데타로 국가를 빼앗긴 시민들은 그런 가능성에 기대를 걸고 상당한 지지를 보냈다. 입법, 행정, 사법 등 어느 권력도 실질적으로 행사하지 못하는 망명 정치인들도 국제 사회에서 주권을 주장하기 위해 끊임없이 움직였다.

흩어지는 분노

2021년 3월 초는 명확한 분기점이 됐다. 군부는 대규모 체포와 야간 급습, 학생 네트워크를 대상으로 삼은 직접 타격을 활용해 공포를 제도화했다. 거리 시위는 여전히 이어졌지만, 치러야 하는 대가는 치명적으로 높아졌다. 집은 더는 안전한 장소가 아니었다. 희망은 공적 공간에 여전히 남아 있었지만, 국가 폭력은 이미 사적 공간 깊숙이 침투하는 중이었다.

3월과 4월을 거치며 한 가지가 분명해졌다. 군부는 어떤 안정된 형태든 평화적 반대를 용인하지 않으리라는 점이었다. 대낮에 자행하는 살해, 대규모 구금, 법적 규범의 붕괴는 협상 가능성을 완벽히 차단했다. 그러나 이런 인식이 곧바로 무장 투쟁으로 이어지지는 않았다. 대신 많은 사람에게 먼저 도피와 은신이라는 선택을 강요했다.

탄압이 심각해지면서 저항 형태도 빠르게 재편됐다. 몇몇은 도시를 떠나 농촌으로 이동했고, 몇몇은 소수 민족 무장 조직Ethnic Armed Organizations·EAO이 통제하는 지역으로 피신했다. 또 다른 이들은 도시에서 사라졌다. 시위하고, 숨고, 다시 이동하는 삶이 반복됐다. 도피는 더는 예외적 선택이 아니라 생존의 조건이 됐다. 이 과정에서 민족통합정부 수립과 인민방위군 결성 선언은 또 다른 전환점이었다. 인민방위군이 벌인 무장 저항은 민족통합정부에 결합하며 공식적인 정치 언어를 얻게 됐다. 폭력을 미화한 결과라기보다는 비폭력이라는 선택지가 모두 차단된 사회에서 저항이 도달한 필연적 귀결에 가까웠다.

이미 활동하고 있던 소수 민족 무장 조직들은 이 과정에서 핵심적인 구실을 했다. 소수 민족 무장 조직이 통제하는 지역은 피란처이자 인민방위군이 힘을 키울 훈련장이 됐고, 저항은 단일한 조직 형태가 아니라 다층적 구조를 띠게 됐다. 망명 정부, 지역 인민방위군, 소수 민족 무장 조직, 민간 생존 네트워크가 느슨하게 연결된 채 공존하는 형태였다. 오랫동안 무장 통치를 준비한 군부에 맞서서 저항 조직이 비교적 빠르게 형성되는 모습은 많은 사람에게 희망으로 받아들여졌다. 국제 사회가 구조 신호에 응답할 가능성이 없다는 사실을 점차 깨닫던 시점에서, 미얀마 사람들은 자기 자신에게 의지할 수밖에 없다는 현실을 받아들였다. 저항하는 행위자들은 하나의 미래를 꿈꾸며 같은 방향으로 달리기 시작했다.

미얀마 사람들은 할 수 있는 모든 방식을 활용해 망명 정부와 무장 저항을 후원했고, 동시에 군부에 연결된 모든 것을 거부하려 했다. 군부 통치 체계에 참여한 공무원, 학생, 기업, 연예인을 대상으로 하는 보이콧이 이어졌고, 군부에 연계된 기업이 판매하는 상품을 불매하는 운동도 확산됐다. 군부를 지탱하는 경제적 자원을 차단하려는 시도였다. 되돌아보면 이 시기는 봄의 혁명의 정점이었다.

저항이 빠른 속도로 지속되는 동안 군부도 가만히 있지는 않았다. 2022년에 민주화 인사를 처형한 조치는 군부가 더는 어떤 금기도 고려하지 않겠다는 선언이나 마찬가지였다. 특정 개인을 대상으로 한 처벌이 아니라 사회 전체를 향한 경고였다. 공포는 명백히 군부가 기대는 통치 수단이 됐다. 뒤이어 2023년에 주요 정당을 대상으로 발동한 해산 명령은 이런 흐름을 법적으로 완결하는 조치였다. 군부는 '동의consent'가 아니라 '절차procedure'를 바탕으로 정당성을 연출하려 했다.

시간이 흐르면서 전속력으로 달리던 저항은 점차 속도를 잃기 시작했다. 마라톤에는 결승선이 있지만, 미얀마 민주화를 향한 마라톤에는 끝이 보이지 않았다. 달리는 사람들은 하나둘 지쳤고, 밀려들던 후원은 점차 줄어들었다. 무장 저항도 동시에 약해지기 시작했다. 평범한 미얀마 사람들에게 책임을 돌릴 수는 없었다. 2년이라는 시간을 버틴 일 자체가 이미 대단했다.

후원이 줄어든다고 해서 싸움이 끝날 수는 없었다. 이미 너무 많은 사람이 희생됐고, 그 희생 위에 서 있는 저항은 멈출 수 없었다. 인민방위군에게 포기란 선택지가 아니었다. 2023년 10월 27일에 시작된 '1027 작전'은 전쟁에 관한 상상을 바꿨다. 군부가 영원히 강고한 존재가 아닐 수도 있다는 가능성이 처음으로 가시화됐다. 소수 민족 무장 단체인 아라칸군AA, 미얀마민족민주동맹군MNDAA, 따앙민족해방군TNLA이 결성한 '삼형제 동맹'이

감행한 합동 공세였다. 영토가 이동했고, 통제는 흔들렸다. 전선에서 멀리 떨어진 시민들에게도 이 변화는 중요했다. 저항은 더는 그저 버티는 행위를 넘어서 변화를 상상할 수 있는 조건이 됐다. 사람들은 다시 한 번 이 긴 마라톤의 끝을 떠올리기 시작했고, 희미하지만 다시 희망을 붙잡고 저항을 이어 갔다.

2024년에 시행된 강제 징병은 공포를 다시 가정 단위로 확장시켰다. 전선을 유지할 병력이 고갈된 군부는 상황을 수습하기 위해 도시 거주 청년을 강제로 군인으로 만들기 시작했다. 미얀마는 의무 복무 제도를 시행하지 않는 나라라서 평범한 시민은 총을 직접 보거나 군사 훈련을 받을 일이 없었다. 제대로 된 훈련도 받지 않은 평범한 시민을 전장으로 내모는 만행은 사실상 인간 방패로 쓰겠다는 선언이나 마찬가지였다. 더구나 그렇게 군인이 된 이들이 싸워야 할 대상은 외부 침략 세력이 아니라 같은 국민인 인민방위군이었다.

강제 징병제 탓에 도시에 거주하는 후원자들과 잠재적인 저항 참여자들은 다시 피란길에 올랐고, 저항의 불길은 한 번 더 타오를 수밖에 없었다. 동시에 드론 전쟁 같은 새로운 전술은 민간과 전장을 나누는 경계를 흐려

놓았다. 미얀마에서 전쟁은 예외적 사건이 아니라 일상의 구조가 됐다.

무장 저항이 내전으로 이어지는 과정에서 치른 희생은 작지 않았다. 쿠데타 초기에 거리로 나선 학생들은 이제 총을 든 채 깊은 산속에서 훈련받으면서 목숨을 걸고 싸우게 됐다. 전쟁을 지속하는 데 가장 중요한 요소는 후원이었고, 결국 후원은 돈 문제로 귀결됐다. 돈은 곧 권력이 됐고, 돈이 오가는 과정에서 비리와 사기도 발생했다. 사람 목숨을 담보로 사익을 취하는 이들도 나타났다. 또한 민족통합정부가 구상한 연방 국가 건설도 지역 소수 민족 무장 조직들끼리 이해관계가 얽히고 요구를 조율하지 못하면서 점점 균열을 드러냈다. 이런 과정에서 후원자들조차 누구를, 어디에서, 어떻게 도와야 하는지 혼란을 겪게 됐고, 저항의 속도는 눈에 띄게 둔화했다.

그렇지만 여전히 질문은 남는다. 전장에서 목숨을 걸고 싸운 사람들, 전쟁을 피해 일상을 포기한 사람들, 이미 희생된 이들에게 우리는 나중에 어떤 말을 할 수 있을까. 미얀마에서 벌어지는 저항은 점점 흩어진 분노처럼 보이기도 한다. 내부 갈등은 깊어지고, 서로 다른 방향으로 흩어지는 느낌까지 받는다. 무엇이 정답인지는 알 수 없지만, 희생자들을 향하는 미안한 마음은 점점 더 커지기만 한다.

2025년 말에서 2026년 초에 걸쳐 군부가 추진한 가짜 선거는 이 모든 과정의 연장선에 있다. 민주주의를 복원하기는커녕 강압을 제도화하려는 시도에 가까운 시도다. 지금 이 시점에서 미얀마 상황이 어떠냐는 질문에 명확하게 대답하기는 어렵다. 군부는 선거라는 형식을 거쳐 평범한 국가처럼 보이려 하지만, 이 모든 것이 없던 일이 되고 다시 평범해질 수 있을까. 쿠데타 이후의 미얀마는 이제 일시적 위기가 아니라 견뎌야 하거나 벗어나야 할 하나의 체제가 됐다.

인터넷 시위와 냄비 소리

미얀마 땅에서 태어나 미얀마 영토 안에서 살아온 사람들에게 저항은 선택의 문제가 아니었다. 저항은 독립 뒤에 이 나라가 다시 살아나려는 순간마다 반복해서 마주해야만 하던 조건에 가까웠다. 도시에서 태어난 사람들도 예외는 아니었다. 소수 민족의 무장 저항하고는 다른 방식이었지만, 도시의 삶도 말 없이, 아니면 큰 목소리로 외치며, 때로는 아무 설명도 듣지 못한 채 이어진 저항의 시간 속에서 형성됐다. 저항의 목적과 방식은 제각각이었지만, 대상만큼은 한 번도 달라진 적이 없었다. 저항의 대상은 언제나 군부였다.

지금까지 내가 한 말은 소수 민족의 저항 이야기가

아니다. 그 감정과 경험을 대신해서 말할 수 없다는 사실을 알고 있기 때문이다. 나는 도시에서 살아온 사람으로서 도시에서 이어진 저항을 말하려 한다. 저항이 항상 거리 위에서 나타난 것은 아니었다. 때로는 침묵으로, 때로는 아무 일도 일어나지 않는 듯 보이는 일상에서, 그리고 다시 갑작스러운 폭발로 저항은 다양하게 모습을 드러냈다.

도시의 저항은 늘 거리에서 시작됐지만, 거리에만 머물지는 않았다. 1988년 민주 항쟁은 내가 직접 겪지 않은 시간이지만 낯선 과거는 아니다. 부모 세대가 전하는 이야기 속에서, 집 안의 침묵 속에서, 몇 번에 걸친 기념식과 기억의 자리에서 반복해서 되살아났다.

그해 사람들은 학교와 공장, 시장과 거리에서 동시에 움직였다. 그러나 정보는 거의 국경을 넘지 못했다. 언론은 통제됐고, 도시 안에서 벌어진 대규모 학살은 바깥으로 전달되지 못했다. 나라 안에서는 분명히 혁명이었지만, 세계는 그 혁명을 거의 전달받지 못했다. 무장 저항은 이미 벌어지고 있었지만, 도시에서 일어난 저항은 고립된 채 압도적인 폭력에 노출됐고, 결과는 패배로 기록됐다.

2007년 사프란 혁명은 내가 태어난 뒤에 일어난 사건이었다. 스님들이 거리로 나왔고, 도시는 다시 한 번 숨을 멈췄다. 그러나 많은 도시 사람들에게 이 시기는 아무것도 하지 못한 시간으로 기억된다. 두려움은 명확했고, 군부가 자행하는 폭력은 이미 학습된 상태였다. 그런데도 이때 저항은 1988년하고는 달랐다. 스마트폰과 디지털카메라로 장면들이 이미지로 기록되기 시작했고, 그 이미지는 국경을 넘어 퍼져 나갔다. 시위는 여전히 진압됐지만, 저항은 처음으로 눈에 보이는 사건이 됐다. 빠르게 전파된 사실 자체가 하나의 변화였다.

2011년 이후의 시간은 저항 방식이 기술적으로 재편되는 시기였다. 저항은 사라지지 않았고, 오히려 일상 속으로 더 깊숙이 들어왔다. 시민사회 단체와 비정부 단체, 에스엔에스를 매개로 사람들은 서로 찾았고, 연결됐다. 도시 안에 갇혀 있던 1988년의 기억이 이 시기를 지나며 밖으로 흘러나왔다. 홍콩에서 벌어진 시위 장면은 단순한 뉴스가 아니라 참고할 수 있는 사례가 됐고, 도시의 저항은 점점 더 조직적이면서도 분산된 형태를 띠기 시작했다.

2021년 쿠데타 이후 저항은 완전히 다른 국면으로 들어섰다. 거리 시위는 빠르게 조직됐다. 텔레그램과 페이스북을 매개로 시위 장소와 시간은 수시로 바뀌었고, 군과 경찰이 이동하는 경로를 피해 움직이는 방식이 전략으로 채택됐다. 시위 정보를 공유하기 위해 더 안전한 메신저를 선택해야 했고, 텔레그램이 대표적이었다. 텔레그램은 비교적 보안성이 높았고, 빠르게 많은 사람에게 정보를 전달할 수 있어서 시위를 조직하는 데 적합했다. 텔레그램은 인터넷이 있어야 작동하기 때문에 인터넷이 차단된 상황을 대비해 블루투스로 근처 사람들끼리 연결할 수 있는 메신저 앱들도 함께 사용됐다.

기술 발전은 시위 방식 자체를 바꿨다. 예전에는 전단지를 뿌리거나 미리 시간을 정해 약속을 잡는 방식으로 시위를 조직했다. 그러나 우리 시대에 하는 시위는 훨씬 더 기술화된 형태를 띠었다. 실시간으로 정보를 공유하고, 상황을 업데이트하고, 이동 경로를 조정할 수 있었다. 시위대 위치를 파악하고 군과 경찰이 움직이는 모습을 관찰해 정보를 전달하는 사람도 생겼다. 덕분에 진압 병력이 이동하는 경로를 예측하고 체포되기 전에 빠르게 피신할 수 있었다. 완벽하게 안전하지는 않았지만, 적어도 선택지는 많아졌다.

체포가 점점 일상화되면서 인터넷은 단순한 소통 수단이 아니게 됐다. 인터넷은 이제 생존의 통로였다. 군인들이 동네로 들어오기 시작하면 사람들은 실시간으로 이동 경로를 공유했다. 어느 동네, 어느 골목, 어느 길에 군인이 몇 명 있다는 식으로 정보가 빠르게 올라왔고, 이 정보는 단순한 소식이 아니라 곧바로 피신할 수 있게 돕는 신호였다.

이런 정보들은 시위에 참여하는 사람들, 특히 운동가와 조직자들에게 결정적이었다. 누가 어디에서 체포되고 있는지, 어느 방향으로 이동하면 위험한지 알려 주는 정보가 온라인으로 공유되면서 사람들은 상황을 보며 움직일 수 있었다. 거리 시위뿐 아니라 은신과 도피도 인터넷을 매개로 조직됐고, 덕분에 무작정 도망치는 대신에 계산된 회피를 할 수 있게 됐다.

결국 디지털 소통은 저항의 기술이자 생존 전략이 됐다. 인터넷이 끊기면 공포는 더해졌고, 연결이 유지될 때만 사람들은 서로 존재를 확인할 수 있었다. 이렇게 온라인 공간은 또 다른 저항 현장이 됐고, 총과 권력을 쥔 군부에 맞서 우리가 활용할 수 있는 몇 안 되는 도구 중 하나였다.

낮에는 거리에서 대규모 시위가 벌어졌다면, 밤에는 동네 단위 저항이 이어졌다. 해가 지면 사람들은 집 앞이나 발코니로 나와 냄비를 두드리며 소리를 냈다. 처음에 소리는 서로 확인하는 신호였다. 매일 밤 8시에 맞춰 울려 퍼지는 땡땡땡 소리 덕분에 우리는 내 주변에 나처럼 군부 쿠데타를 반대하는 사람이 얼마나 있는지를 가늠할 수 있었다. 냄비 소리는 점점 동네 사람들에게 힘을 주는 상징이 됐다.

집집마다 울리는 냄비 소리는 단순한 소음이 아니었다. 우리가 군부 쿠데타에 반대하고 있다는 분명한 의사 표현이었고, 동시에 저항하는 사람들에게 보내는 연대의 신호였다. 우리 집에서 땡땡땡 소리가 울리면 곧이어 이웃집에서 똑같은 소리가 이어졌다. 그렇게 소리는 동네 전체로 번졌다. 그 순간만큼은 서로 얼굴을 보지 않아도 같은 편이라는 연대감을 느낄 수 있었다.

땡땡땡 냄비 소리는 경고하는 기능도 했다. 밤중에 군인들이 동네로 들어와 야간 체포를 시도할 때 위험을 감지한 사람은 집 앞에서 냄비를 두드려 경고를 보냈다. 그러면 주변 사람들은 군인들이 움직이는 동선을 파악했고, 표적이 될 수 있는 사람들은 더 빨리 숨거나 피신할 수 있었다. 그렇게 소리는 작은 방어 수단이자 우리를 지키기 위한 최소한의 연대 장치였다.

저항이 체질, 일상이 저항

체포가 점점 잦아지고 폭력이 일상이 되면서, 밤에 울리는 냄비 소리는 서서히 사라졌다. 소리를 내는 일 자체가 곧 위험이 되는 시기가 됐다. 그렇지만 한때 밤마다 울려 퍼진 땡땡땡 냄비 소리는 함께 저항하고 있다는 감각을 만들었다. 한 사람이 먼저 두드리기 시작하면 다른 사람이 응답하듯 소리를 이어 간 그 순간들은 우리는 모두 혼자가 아니라는 사실을 확인한 집단적 기억으로 남아 있다.

저항이 무장 투쟁 단계로 넘어가면서, 무장이라는 말 뒤에는 자연스럽게 돈 문제가 따라붙기 시작했다. 무기 체계를 유지하고 사람들이 먹고살고 움직이려면 자원이 필요했다. 문제는 자원을 확보하는 데 필수적인 후원이 외부에서 안정적으로 들어오는 구조가 아니라는 점이었다. 후원은 오로지 미얀마 사람들 개개인이 하는 선택에 의존해야 했는데, 대부분 넉넉하기는커녕 하루하루를 힘겹게 버티는 평범한 사람들이었다.

학생이나 시민이 손쉽게 참여할 수 있는 새로운 후원 방식이 만들어졌다. 그중 하나가 유튜브를 활용한 후원이었다. 저항에 관련된 유튜브 채널에 올라온 영상을 시청하면 발생하는 광고 수익이 저항 세력에 전달되는 구조였다. 직접 돈을 보내지 못하더라도 영상을 계속 틀어만 두면 저항 세력을 후원할 수 있었다. 최신 기술을 활용한 전혀 새로운 형태의 저항이자 연대였다.

어떤 예술가나 연예인은 소품이나 작품을 판매한 수익을 후원금으로 내놓기도 했다. 노래, 그림, 굿즈가 저항의 자원이 됐고, 문화 활동과 정치적 저항은 경계가 점점 흐려졌다. 유튜브에 영상을 올리는 행위는 전세계에 상황을 알리는 동시에 저항을 지속시키는 경제적 수단이 됐다. 나도 하루에 몇 시간씩 관련 영상을 틀어 놓고 이런 흐름에 동참했다.

이렇듯 미얀마 사람들이 한 저항은 단순히 거리에서

시위에 참여하거나 결의를 다진 채 총을 드는 행위만으로 한정되지 않았다. 기술을 활용하고 일상의 행동을 정치적 선택으로 바꾸면서 각자가 감당할 수 있는 방식으로 이어 간 저항이었다. 저항은 이제 한 장소에 모여야만 가능한 일이 아니었다. 모니터 화면 앞에서도, 은행 계좌를 통해서도, 저항은 계속됐다.

어쩌다 보니 우리는 저항이 '체질'이 된 양 살아가고 있다. 멈추면 안 될 것 같고 멈출 수도 없는 상황이 계속해서 우리를 밀어붙였다. 그렇지만 이런 말을 자랑스럽게 할 수 있느냐고 묻는다면, 나는 그렇지 않다고 생각한다. 저항이 체질이라는 말은 그만큼 정상적인 삶이 허락되지 않는다는 뜻이기 때문이다. 통제와 폭력, 공포가 일상이 된 탓에 선택지가 사라졌고, 그래서 저항할 수밖에 없었다. 결코 기쁜 이야기일 수 없다.

우리는 태어날 때 삶을 고를 수 없다. 미얀마 땅에서 태어나 미얀마 영토 안에서 살아가기란 저항을 선택하는 삶이 아니라 저항 속에서 살아가는 삶을 받아들이는 일이었다. 그런데도 이 삶을 단순히 불행하다고 말할 수만은 없는 이유는 그런 과정에서 만난 정말 소중한 사람들 때문이다. 함께 거리로 나간 사람들, 같이 도망친 사람들, 아무것도 하지 못한 채 긴 밤을 견딘 사람들. 그런 관계들은 저항보다 먼저 우리를 인간으로 남게 했다.

한국이 한반도라는 공간에서 분단이라는 역사를 안고 살아가듯, 미얀마도 저항의 역사가 남긴 책임을 온몸으로 끌어안은 채 살아가고 있다. 선택의 문제가 아니라 역사적 조건에 가깝다. 우리는 때로는 거리에서, 때로는 집 앞에서, 때로는 화면 너머에서, 때로는 아무것도 하지 않는 방식으로 저항했다. 아마 앞으로도 우리는 계속 저항할 테다.

그래서 나는 '저항'이라는 말을 쉽게 미화하고 싶지 않다. 저항이라는 말 뒤에는 언제나 희생이 따라온다. 일상을 잃었고, 가족을 잃었고, 결국 목숨을 잃었다. 살아남은 사람들도 그전의 삶으로 돌아갈 수 없게 됐다. 반복되는 희생 속에서 우리는 계속 버텨야만 했다. 이런 대가 위에 쌓인 저항을 영웅적이거나 숭고한 행위라는 말로 평가하고 마는 방식은 너무 잔인한 일일지도 모른다.

그런데도 내가 하고 싶은 말은 이것이다. 저항이 아름답기 때문이 아니라 포기하지 않겠다는 선택 말고는 다른 길이 없어서 우리는 여기까지 왔다. 저항은 이상적인 행동이 아니라 밀려난 사람들이 마지막으로 붙잡을 수 있는 태도에 가까웠다. 더 많은 희생이 반복되지 않기를 바라면서도, 이미 일어난 희생을 지울 수 없기 때문에 우리는 멈추지 못하고 있다.

거리에서 물러난 사람들도 저항을 멈추지 않았다. 투표하지 않는 선택, 국가 제도에서 이탈하는 결정, 국경을 넘는 선택도 저항의 일부였다. 누구나 같은 방식으로 저항할 수는 없었고, 그래서 가능한 사람들은 가능한 방식으로 저항했다. 통제와 폭력 속에서도 사람들은 끊임없이 새로운 방식을 만들었다. 말할 수 없을 때는 몸짓으로, 기록할 수 없을 때는 기억으로, 드러낼 수 없을 때는 회피와 거부로 의사를 표현했다. 더 나은 미래를 확신해서 한 행동이라기보다는 최소한 지금처럼 공포 속에 살지 않기 위해 내린 선택이었다.